Jobs für Bücherwürmer und Leseratten

campus concret
Band 59

Uta Glaubitz hat sich nach ihrem Philosophiestudium als Berufsberaterin selbstständig gemacht. Sie bietet ihren Workshop *Individuelle Berufsfindung* – auch in Zusammenarbeit mit Schulen und Universitäten – im gesamten Bundesgebiet an. Bei Campus erschien ihr Bestseller *Der Job, der zu mir passt* (1999). Information: www.berufsfindung.de

Uta Glaubitz

Jobs für Bücherwürmer und Leseratten

Machen Sie Ihre Leidenschaft zum Beruf

Campus Verlag
Frankfurt/New York

Die Deutsche Bibliothek – CIP-Einheitsaufnahme

Ein Titeldatensatz für diese Publikation ist bei
Der Deutschen Bibliothek erhältlich
ISBN 3-593-36549-9

Umschlaggestaltung: Guido Klütsch
Umschlagmotiv: © Bavaria Bildagentur
Satz: Fotosatz L. Huhn, Maintal-Bischofsheim
Druck und Bindung: Media-Print, Paderborn
Gedruckt auf säurefreiem und chlorfrei gebleichtem Papier.
Printed in Germany

Besuchen Sie uns im Internet: www.campus.de

Inhalt

Teil I
Machen Sie Ihre Leidenschaft zum Beruf

Teil II
Reportagen

**Teil IV
Service**

Teil I

Machen Sie Ihre Leidenschaft zum Beruf

Lieber arbeiten als sich langweilen.

Gustave Flaubert, Schrifsteller

Wenn ich so viel Erfolg hatte, dann nur, weil ich nie auf die Leute gehört habe, die dauernd sagten, was ich machen muss, um Erfolg zu haben.

Jack Nicholson, Hollywoodstar

Ein Buch ensteht nicht; ein Buch wird gemacht.

nach Gottfried Benn, Dichter

1.

Mit Büchern Geld verdienen

Gehen Sie nie ohne Krimi ins Bett? Stapeln sich bei Ihnen zu Hause die Bücher? Haben Sie schon einmal darüber nachgedacht, aus der Begeisterung fürs Lesen einen Beruf zu machen? Dann hilft Ihnen dieses Buch, den Job zu finden, der zu Ihnen passt.

Wenn Sie gern mit Büchern arbeiten möchten, bieten sich zahlreiche Karrieren an: Denken Sie nur an die Lektoren, die dafür sorgen, dass jährlich über 80 000 neue Titel in der Bundesrepublik auf den Markt kommen.[1] Denken Sie an den Buchkritiker, der neue Romane, Erzählungen und Biografien beurteilt, oder an den Grafiker, der sich auf Buchillustrationen spezialisiert. Denken Sie an Lizenzfachleute, Übersetzer und Verlagsvertreter. Und natürlich an die Autoren von Krimis, Reiseführern, Koch- und Kinderbüchern.

Auf den folgenden Seiten begegnen Sie Leuten, die in diesen Bereichen tätig sind. Außerdem machen wir Sie mit Berufen bekannt, von denen Sie noch nie im Leben gehört haben. Oder wissen Sie bereits, was eine Clearingstelle oder ein Dozent für Autorenfortbildung macht? Oder wie man als Schriftstellerfotograf, Literaturagent oder Ghostwriter sein Geld verdient?

Worum gehts?

»Arbeit muss weh tun.« Und: »Qualität kommt von quälen.« Mit diesen und ähnlichen Sätzen sind die meisten von uns groß geworden. Kein Wunder also, dass viele blockiert sind, wenn es darum geht, ein eigenes Berufsziel zu finden, das nicht nur das nötige Kleingeld ins Portemonnaie schafft, sondern auch Spaß macht und ein erfülltes berufliches Leben verspricht.

Traditionell läuft Berufsfindung etwa so: Man fragt sich:

- Was könnte ich mit dieser oder jener Ausbildung werden?
- Welche Planstellen könnte es für mich geben?
- Was kann ich mit meinem Schulabschluss werden?
- Was kann ich mit meinem Notendurchschnitt studieren?
- Was kann ich mit meinem Studium werden?
- Was für Weiterbildungen werden vom Arbeitsamt angeboten?
- Was raten meine Eltern, meine Freunde, mein Partner, meine Partnerin?
- In welchen Berufen hat man heute die größten Chancen?

Leider helfen solche Fragen überhaupt nicht dabei herauszufinden, welcher Job wirklich zu Ihnen passt. Daher geht dieses Buch anders vor. Es fragt: Was für ein Typ sind Sie? Und welcher Beruf passt dazu? Zur Anregung finden Sie zahlreiche Berichte über Leute, die mit Büchern ihr Geld verdienen. Und eine Anleitung, wie man aus seinem Spaß am Lesen einen Job macht.

Dabei kommt es nicht darauf an, ob Sie bereits in einem Beruf arbeiten – und möglicherweise keinen Spaß daran haben – oder ob Sie als Schülerin, Student oder Arbeitsloser auf der Suche nach einer Tätigkeit sind, die zu Ihnen passt.

Berufliche Chancen für Bücherwürmer und Leseratten

Natürlich geht es im Buchmarkt auch um große Literatur, Kulturgut und das Erbe des Abendlandes. Schriftsteller wie Ingo Schulze *(Simple Storys)*, Birgit Vanderbeke *(Ich sehe was, was Du nicht siehst; Alberta empfängt einen Liebhaber)*, aber auch der ursprünglich als Krimiautor erfolgreiche Bernhard Schlink *(Der Vorleser)* zählen im E-Betrieb (»E« wie ernste Literatur) zu den großen Namen der letzten Jahre. Bei der Unterhaltungsliteratur – wenn man die Unterscheidung beibehalten will – sind deutschsprachige Schreiber und Schreiberinnen wie Ingrid Noll *(Die Häupter meiner Lieben; Die Apothekerin)* und Dietrich Schwanitz *(Der Campus)* zu Geld, Ruhm und Ehre gelangt. Die Autorin der Harry-Potter-Romane Joanne Rowling gilt mit einem Jahreseinkommen von über 32 Millionen Euro als drittreichste Frau Großbritanniens.[2] Doch neben den glamorösen Bestsellerautoren gibt es im Buchmarkt Jobs wie in jeder anderen Branche auch. Hier wird entwickelt, produziert, weiterverarbeitet, beworben und verkauft. Lektoren konzeptionieren zusammen mit Programm- und Verlagsleitung neue Titel und Reihen. Grafiker, Layouter, Herstellung und Marketing kümmern sich um die äußere Gestaltung, Vetriebsmitarbeiter, Vertreter und Grossisten um den Verkauf in den Buchhandel.

Pressevertreter halten engen Kontakt zu den Redaktionen: Neben dem *Literarischen Quartett* bieten Tageszeitungen, Zeitschriften und Branchenpublikationen Berichte, Kritiken und Tipps über Neuerscheinungen. Hier arbeiten spezialisierte Journalisten, Fotografen und Moderatoren. *Spiegel*, *Stern* und *Focus* lassen von Mitarbeitern externer Agenturen eigene Bestsellerlisten erstellen.

Literaturagenten suchen Nachwuchstalente und führen Verhandlungen über Vorschüsse und Umsatzbeteiligungen für die Autoren. Messeveranstalter sorgen dafür, dass zweimal jährlich die Neuerscheinungen in Leipzig und Frankfurt präsentiert werden. Buchhändler verkaufen in großen Buchhandlungen oder Warenhäusern und in kleinen, spezialisierten Buchläden oder Antiquariaten. Sie beraten Kunden bei der Suche nach Urlaubslektüre, Ratgebern oder Geschenken. Externe Berater erschließen neue Vertriebswege jenseits der klassischen Buchhandlungen, beispielsweise über Tankstellen, Hotels, Wein-, Lebensmittel- und Spielwarenläden.

Das bedeutet: Um in der Buchbranche Karriere zu machen, brauchen Sie nicht unbedingt ein hoch begabtes Schriftstellertalent oder ein Vielschreiber mit abgeschlossenem Literaturstudium zu sein. Viel wichtiger ist häufig ein Wissen um die Mechanismen des Marktes, ein Gefühl für die Bedürfnisse der Kunden – sprich Leser

– und natürlich gute Ideen. Manchmal ist es wichtig reden zu können und über ein ausgebautes Netz an Kontakten zu verfügen.

Über dieses Buch

Sie möchten wissen, wie man mit Büchern Geld verdient? Der zweite Teil des Buchs präsentiert Ihnen Jobs für Bücherwürmer und Leseratten. Dabei haben wir darauf geachtet, überwiegend Berufe zu präsentieren, die sich auch für Umsteiger eignen, für die Sie also nicht unbedingt eine weitere formale Ausbildung oder ein zusätzliches Studium benötigen. Das bedeutet allerdings nicht, dass Sie keinerlei Fachkenntnisse brauchen. In den meisten Fällen werden Sie sehr viel dazulernen müssen. Ob Sie dafür jedoch (noch einmal) eine Ausbildung machen oder eine Universität besuchen, liegt ganz an Ihnen. In jedem Fall finden Sie Hinweise, wo das nötige Zusatzwissen vermittelt wird und wie Sie Ihre Fähigkeiten ausbauen können.

Die vorgestellten Tätigkeiten werden durch konkrete Beispiele und Interviews mit Leuten aus der Praxis illustriert. Die großen Bereiche dabei sind:

- die Autoren
- im Verlag
- um Autoren und um Verlage herum
- die Medien
- Bücher herstellen und verkaufen

Tipps von Experten, Literaturangaben, Adressen und Informationen runden den zweiten Teil ab.

Die vorgestellten Berufe dürfen jedoch über eins nicht hinwegtäuschen: Keins der Beispiele erspart es Ihnen, sich über den Job, der zu Ihnen passt, eigene Gedanken zu machen. Im dritten Teil finden Sie daher einen Workshop, wie Sie sich ein individuelles Berufsziel erarbeiten. Schritt für Schritt zeigen wir Ihnen, wie Sie klar über Ihre Fähigkeiten und Motivationen nachdenken können.

Im Schlusskapitel geht es darum, wie man verhindert, mit

Büchern arm zu werden, wie man also möglichst viele Exemplare eines Buchtitels verkauft. Natürlich gibt es dafür kein Rezept, sondern lediglich einige Hinweise und Überlegungen. Die Arbeitswelt von heute ist voll von Anglizismen. Niemand bemüht sich mehr, deutsche Ausdrücke für Ghostwriter oder Clearing zu finden. Weil nicht jeder alles wissen kann, finden Sie im Anhang ein kleines Wörterbuch für die im Text gebrauchten Begriffe. Ein Register der vorgestellten Berufe rund um Lesen und Schreiben schließt das Buch ab.

Ein erster Tipp: Umgeben Sie sich während der Lektüre dieses Buchs mit Leuten, die nicht nur belesen sind, sondern die Ihnen wirklich etwas zu sagen haben und die Sie unterstützen. Ideentechnische Bremsklötze mit ihrem ewigen »Das bringt doch sowieso nichts« oder »Das schaffst Du nie« können Sie jetzt nicht gebrauchen. So habe auch ich mich während des Schreibens streng an diesen Grundsatz gehalten.

Unentbehrliche Hilfe leistete die Fachautorin Andrea Dornseif, die trotz des Erfolgs ihres Australienbuchs *Kopfüber* einen klaren Kopf bewahrte und Beiträge zur Herstellung und Archivierung von Büchern lieferte. Thorsten Reinke als Mann fürs Grobe scheute keine Mühe, um Hellmuth Karasek vom *Literarischen Quartett* zu interviewen. Den schlagenden Beweis dafür, dass man für eine gute Schreibe besser kurz als lang an der Uni war, lieferte Anna Stretz. Franziska Holeczek recherchierte in Branchenmagazinen und machte den erfolgreichsten Minibuchverkäufer Deutschlands ausfindig. Ohne die Journalisten Katja Winckler und Dirk Krampitz wäre das Buch nur halb so schön geworden. 1000 Dank an alle.

2.

Fünf Fragen zu *Jobs für Bücherwürmer und Leseratten*

In diesem Buch geht es um die Frage, wie Sie für sich selbst ein Berufsziel erarbeiten – auch wenn Sie noch keinen blassen Schimmer haben, in welchem Bereich Sie Ihren Spaß am Lesen einsetzen könnten. Bevor Sie sich im Folgenden von Autoren, Lektoren und Agenten zu eigenen Berufsplänen inspirieren lassen, hier noch einige Antworten auf häufig gestellte Fragen.

Für wen eignet sich dieses Buch?

Dieses Buch gibt Berufssuchenden ein Werkzeug an die Hand, eigene berufliche Ziele auszuloten. Damit ist *Jobs für Bücherwürmer und Leseratten* geeignet für alle, die sich beruflich orientieren oder umorientieren möchten: Berufstätige und Arbeitslose, Schüler und Schülerinnen, Studenten und Studentinnen. Sie lernen, sich systematisch mit der Frage auseinander zu setzen, wie Sie Ihr berufliches Leben gestalten möchten. Dabei setzt die im dritten Teil des Buchs geschilderte Methode der Individuellen Berufsfindung keine bestimmten Qualifikationen voraus, sondern die Bereitschaft, seine bisherige Biografie zu durchleuchten und neue Wege der Berufsfindung zu gehen.

Muss man heute nicht froh sein, überhaupt einen Job zu haben?

Wer heutzutage über Befriedigung im Beruf, Spaß an der Arbeit und vielleicht sogar über Traumberufe spricht, wird schnell mit Resignation und Aggressivität konfrontiert. »Heute kannst Du froh sein, wenn Du überhaupt etwas kriegst«, lautet die gängige Antwort. Auf der Suche nach echten Motivationen und Herzenswünschen wird man schnell zum Spinner abgestempelt.

Ist die Suche nach dem maßgeschneiderten Beruf nur etwas für gute Zeiten? Ganz sicher nicht: denn gerade in schwierigen Situationen ist es für den Berufssuchenden notwendig, sich zu orientieren und konkret darüber nachzudenken, auf welchem Gebiet er wirklich arbeiten will. Schließlich ist er nur dort in der Lage, mit (zwangsläufig auftretenden) Rückschlägen fertig zu werden und langfristig gute Arbeit zu liefern. Dabei kann es sich niemand leisten, auf den Zufall zu hoffen und sich ohne einen konkreten Plan ziellos in der Arbeitswelt zu bewerben.

»Arbeit muss weh tun. Und wenn Du mit etwas, was Du gerne tust, Dein Geld verdienst, macht es Dir spätestens dann keinen Spaß mehr.« Solche und ähnliche Sprüche geistern durch die Welt der Berufsberatung. Bei unseren Recherchen haben wir jedoch eins festgestellt: Keiner der befragten Bücherwürmer stöhnte über das mit den beruflichen Aufgaben verbundene Lesepensum. Im Gegenteil: Gerade die Beschäftigung mit Autoren und Manuskripten macht echte Bücherwürmer am Arbeitsplatz zufrieden. Übrigens denkt auch niemand, Mick Jagger habe keine Lust mehr zum Singen, Oliver Bierhoff keine Lust mehr zum Fußballspielen und Jil Sander keine Lust mehr auf Mode. Die persönliche Leidenschaft und der Spaß an der Aufgabe sind vielmehr Voraussetzung für den beruflichen Erfolg.

Ist es nicht gefährlich, sich festzulegen?

Stellen Sie sich vor, Sie geben Ihr berufliches Ziel in einen Computer ein und starten ein Programm, mit dem der Computer automatisch einen Weg findet, dieses Ziel auch zu erreichen. Das hört sich gut an? So einen Computer besitzen Sie bereits – es ist Ihr Gehirn. Wenn Sie Ihrem Gehirn ein klares Ziel vorgeben, wird es auch einen Weg finden, dieses Ziel zu erreichen. Genau dafür wurden wir von Geburt an mit grauen Zellen ausgestattet. Bleibt Ihre Software jedoch ohne klare Zielvorgabe, kann sie keinen Lösungsweg finden.

»Ich möchte gern etwas in Richtung Lektorat machen« zählt dabei noch nicht als klare Zielangabe. Oft ist die Spezialisierung eines Übersetzers, einer Lektorin oder eines Verlegers der Schlüssel zum Erfolg. Herkömmliche Berufsratgeber empfehlen oft das Gegenteil einer Spezialisierung: »Bleiben Sie flexibel, legen Sie sich nicht zu sehr fest und halten Sie sich möglichst viele Optionen offen.« Diese Strategie bringt jedoch einen entscheidenden Nachteil mit sich: Als Bewerber, der sich alle Möglichkeiten offen hält, werden Sie bei Ihrer Arbeitssuche stets auf viele hundert andere Bewerber treffen, die sich ebenfalls alle Optionen offen gehalten haben. Arbeitgeber suchen aber nicht Leute, die sich alle Optionen offen halten, sondern Arbeitskräfte, die für ein ganz bestimmtes Problem in ihrem Verlag, ihrer Redaktion oder Agentur eine Lösung anbieten können.

Wer garantiert mir, dass das Konzept der Individuellen Berufsfindung auch funktioniert?

Mithilfe der Individuellen Berufsfindung legen Sie zwei Dinge fest: Ihr persönliches berufliches Ziel und den Weg dorthin. Damit allein haben Sie Ihre Chancen auf dem Arbeitsmarkt bereits um ein Vielfaches erhöht, und zwar denen gegenüber, die weder über ein Ziel noch über eine Strategie verfügen – und das sind viele.

Der Rest wird sich an Ihrem persönlichen Einsatz, Ihrem Durchhaltevermögen und Ihrer Fähigkeit zur Überwindung des inneren Schweinehunds entscheiden. Wenn Ihnen auf dem Weg zu Ihrem beruflichen Erfolg Zweifel kommen, so akzeptieren Sie diese als vollkommen normale Erscheinung. Die meisten haben jahre- und jahrzehntelang diverse Abwehrmechanismen trainiert, wenn es darum geht, das eigene Schicksal selbst in die Hand zu nehmen. Einer dieser Mechanismen ist die Produktion von Versagensängsten.

Sind Sie wieder einmal an dem Punkt angelangt, an dem Sie »ganz sicher« sind, dass Ihre beruflichen Pläne niemals funktionieren werden, halten Sie sich eine Situation vor Augen, in der Sie etwas geschafft haben, das Sie (und alle anderen) vorher für unmöglich hielten. Dann wird Ihnen wieder bewusst, dass man so ziemlich alles schaffen kann, wenn man es sich erst einmal in den Kopf gesetzt hat. Und noch etwas: Alle erfolgreichen Bücherwürmer, die in diesem Buch vorgestellt werden, haben auch einmal klein angefangen.

Wer hilft mir, wenn ich nicht weiterkomme?

Zu Beginn Ihres Berufsfindungs- oder Neuorientierungsvorhabens engagieren Sie ein Unterstützungskomitee von etwa zwei bis vier Freundinnen und Freunden, die Ihnen während Ihrer Berufsfindung zur Seite stehen. Niemand bleibt von Phasen verschont, in denen er Schwierigkeiten hat, den nächsten Schritt zu planen, oder in denen er sich einfach nur wenig zuversichtlich fühlt.

Viele Vorhaben scheitern daran, dass der Berufssuchende einen wahren Fundus an Vermeidungsstrategien bereit hält, um gerade erst beschlossene Schritte auf keinen Fall in die Tat umsetzen zu müssen. Daher empfiehlt es sich, einen Freund einzuschalten, der einem gegebenenfalls auf die Füße tritt. Rufen Sie ihn an, sobald Sie eine Entscheidung gefällt haben. Teilen Sie ihm mit, bis wann welche Schritte in die Tat umgesetzt sein sollen. Verabreden Sie, dass er anruft und kontrolliert, ob Sie alles erledigt haben. Sie können Ihrem Freund, Ihrer Freundin auch eine Kopie Ihres schriftlich ausgearbeiteten Plans schicken. Bei Ankunft des Briefs gilt der Inhalt als verbindlich.

Diffuse Motivationsprobleme lösen Sie also am besten, indem Sie über andere Leute Verbindlichkeiten schaffen. Das Wichtigste aber ist: Wenn in Ihrem Berufsfindungsprozess Probleme auftauchen, so ist das für Sie noch lange kein Grund aufzugeben. Beweisen Sie stattdessen Problemlösungskompetenz, und finden Sie Mittel und Wege, Ihren Wunsch zu verwirklichen. Wenn Ihnen keine einfallen, fragen Sie jemanden, der erfahrener ist als Sie. Aber lassen Sie sich nicht auf halbem Weg von lösbaren Problemen entmutigen.

Teil II

Reportagen

Der sicherste Weg, die Aufmerksamkeit des Lesers zu wecken und wach zu halten, ist der, besonders bestimmt und konkret zu sein. Vermeide lahme, farblose, unverbindliche Wörter. Schreibe nicht: »Eine Periode widrigen Wetters setzte ein«, sondern »Eine Woche lang regnete es jeden Tag«.

William Strunk, The Elements of Style

Schreiben ist harte Arbeit. Ein klarer Satz ist kein Zufall. Sehr wenige Sätze stimmen schon bei der ersten Niederschrift oder auch nur bei der dritten. Nehmen Sie das als Trost in Augenblicken der Verzweiflung. Wenn Sie finden, dass Schreiben schwer ist, so hat das einen einfachen Grund: Es *ist* schwer.

William Zinsser, On Writing Well

Wenn ich die ganzen Bücher gelesen habe, schreibe ich selbst ein Buch. Am besten über das Phänomen des stillen Wassers. Aber es wird sich kaum jemand für dieses Thema interessieren. Bestimmt verarme ich.

ein namenloser Journalist der Franfurter Rundschau

3.

Die Autoren

Welche Leseratte, welcher Bücherwurm kennt die Szenerie nicht aus seiner Kindheit: Es ist Weihnachten, die Schule ist für zwei Wochen zur Vergangenheit geworden, der Gottesdienst ist überstanden und unter dem Weihnachtsbaum befindet sich der einzig wahre Ausweg aus Familienfest und zwickender Kleidung: ein Stapel Bücher.

In den folgenden Tagen galoppieren Indianer durchs Wohnzimmer, Käpt'n Nemo versenkt die Nautilus in der Badewanne und Ronja Räubertochter lässt ihren Frühlingsschrei durch den verschneiten Garten schallen. Wenn sich ab und zu ein wohlmeinender Anverwandter in diese Welten verirrt und neben dem obligatorischen »Hach, Du bist aber groß geworden« auch noch den zweiten Standardsatz des erwachsenen Konversationsrepertoirs zum Besten gibt, dann muss man wenigstens nicht lange nach Worten suchen. Auf die Frage: »Und – weißt Du schon, was du mal machen willst, wenn du groß bist?«, kann es eigentlich nur eine Antwort geben: »Bücher schreiben!«

Dass der Gesprächspartner bei dieser Antwort nur wissend und nachsichtig lächelt, darüber denkt man nicht weiter nach. Doch Weihnachten geht vorbei und ein weiteres und noch eins, und die Leseratte hört in der Schule, dass Lesen und Schreiben gelernt sein will. Dem Bücherwurm hallt es in den Ohren von Synonymen für »sein« und »sagen«, und beide erfahren allmählich, was es bedeutet, zum Volk der Dichter und Denker zu gehören. Der Lehrer predigt vom Geniebegriff wie der Pfarrer von der Kanzel und die Namen der Großen schwirren in einer Aura aus Erhabenheit und Flüsterton durchs Klassenzimmer.

Irgenwann ist dann aus der Leseratte eine Sozialarbeiterin und Mutter geworden und der Bücherwurm frisst sich durch die Aktendeckel von Wirtschaftsberichten. Und nur manchmal noch, wenn man wieder einmal ein Buch in der Hand hält, seufzt man ein bisschen und lächelt gleich darauf nachsichtig über so viel Torheit und Kinderträume.

Doch wenn man an einer Buchhandlung vorbeigeht und die Flut der Neuerscheinungen in den Auslagen bewundert, dann schleicht sich aus der hintersten Hirnecke ein Gedanke ins Bewusstsein: Bei so vielen Büchern und Neuerscheinungen – es muss bei uns vor Goethes, Bachmanns, Benns und Büchners ja geradezu wimmeln. Oder wer schreibt das alles?

Ja, wer schreibt das alles? Nun, Leute muss es wohl geben, die sich in die Fußstapfen der Großen wagen. Denn eins bleibt trotz allen Fortschritts und Wandels wahr: Ohne Autoren keine Bücher. Dabei ist die Vorstellung vom asketischen Sonderling, der still in seinem Kämmerchen sitzt und wartet, dass ihn die Muse küsst, worauf zarte Verse aus seiner Feder strömen, überholt und endgültig veraltet. Oder? Man sollte es meinen, doch hält sich gerade in Deutschland hartnäckig die Mär vom Schreiben als Geniestreich. Dabei gibt es für Romane und Kurzgeschichten, für Koch- und Kinderbücher, vor allem aber für schöne Sprache und Schreibe ebenso Regeln und Vorschriften wie für Algebra, Handball, die Börsenmechanismen und das Schreinerhandwerk. Dass natürlich das Quantum Talent nicht fehlen darf, ist ebenfalls für jeden dieser Bereiche wahr.

Im Folgenden finden Sie Beispiele von Menschen, die als Autoren in den verschiedensten Sparten der Literaturbranche tätig sind: Ratgeber, Kochbücher, Krimis, Sachtitel und auch Lyrik. Wenn Sie die Werdegänge, Geschichten und Tipps dieser Menschen aufmerksam durchlesen, so wird Ihnen vermutlich bald auffallen, dass man keineswegs einen zweiten Faust verfassen muss, um als Autor Erfolg zu haben. Eine gehörige Portion Neugier braucht es wohl, Spaß an der Recherche und bewussten Umgang mit Sprache. Daneben ist vor allem Durchhaltevermögen gefragt und viel, viel Sitzfleisch.

Info-Box

Unterstützung für angehende Autoren bietet:

Bundesverband junger Autoren und Autorinnen
BVjA
Postfach 200303
53183 Bonn
Tel.: (0 22 25) 78 89 (nach 18 Uhr)
Fax: (0 22 25) 78 89
bvjaa@t-online.de

Doris Mendlewitsch, *Rund ums Buch. Ein Leitfaden für Autoren und Leser*, Münster 1996
Gerhild Tieger, Manfred Plinke (Hg.), *Deutsches Jahrbuch für AutorInnen*, Glienecke bei Berlin, erscheint jährlich
Verband deutscher Schriftsteller (Hg.), *VS-Handbuch. Ein Ratgeber für Autorinnen und Autoren, Übersetzerinnen und Übersetzer*, Göttingen 1999
Sylvia Englert, *So finden Sie einen Verlag für Ihr Manuskript. Schritt für Schritt zur eigenen Veröffentlichung*, Frankfurt Main/New York 2000

Ratgeberautor

Viele Sachbücher werden von Experten aus der Praxis geschrieben, beispielsweise Personalfachleute, Rechtsanwälte, Ernährungsberater. Name und Beruf sollen für die Seriosität der Angaben bürgen. Leider sind die Fachleute aus der Praxis nicht notwendigerweise gute Autoren. Es hapert manchmal an einer klaren, aussagekräftigen Schreibe und einem Gefühl dafür, wie ein Text ansprechend aufgebaut wird. Betriebsblindheit kann dazu führen, dass der Experte die offensichtlichsten Fragen seiner potenziellen Leser gar nicht beantwortet und sich stattdessen in Details verliert.

Aus diesem Grund gibt es auch professionelle Autoren, die nicht Experten in einem Fachgebiet, sondern Experten im Schreiben von Büchern sind. Sie arbeiten ähnlich wie Journalisten: recherchieren,

Experten befragen, Informationen aufbereiten, schreiben – idealerweise klar und verständlich. Sachbuchautoren bieten entweder selbst Themen an oder werden von Verlagen beauftragt. Hoch im Kurs stehen Themen wie Gesundheit, Ernährung, Wellness, Selbstbewusstsein, Steuern, Geldanlagen, Aktien, Karriere, Bewerbung, Gartenpflege und Esoterik. Modethemen wie Feng-Shui, Apfelessig oder Existenzgründung kommen hinzu.

Meike Müller hatte schon in der Schule wenig Lust, Aufsätze über eine Fantasiereise auf der Regenwolke zu schreiben. Sie interessierte sich eher für Sachthemen, zum Beispiel »wenn es um pro und contra Radwege ging«. Ihr Berufswunsch stand daher fest: Sie wollte Journalistin werden, volontierte bei der *Nordsee-Zeitung* in Bremerhaven und arbeitete später in verschiedenen Redaktionen.

Als ihr das Tageszeitungsgeschäft zu schnell und oberflächlich wurde, fing sie als Ghostwriterin für andere Sachbuchautoren an. Dabei ging es meistens um Bewerbungsthemen, »einfach ein Bereich, in dem wahnsinnig viel veröffentlicht wird«, so Müller. Sie schrieb Artikel und einzelne Kapitel, beispielsweise wenn ein Autor mit seinem Buch nicht rechtzeitig fertig wurde. Später verfasste sie dann ganze Bücher zu Themen wie Bewerbung für Ausbildungsplatzsuchende, Bewerbung für Führungskräfte, Bewerbung über 40.

Die Ratgeber wurden durch ein Seminarangebot ergänzt. »Einmal fiel irgendwo eine Referentin aus. Und weil ich gerade an dem Thema arbeitete, fragte man mich, ob ich sie vertreten kann.« Es klappte gut, auch deshalb, weil Seminare abhalten für Müller so ähnlich wie Journalismus ist. »Man muss den Leuten etwas vermitteln, einmal mit und einmal ohne das Medium Zeitung.«

Nach vielen Seminaren und mehr als zehn Bewerbungsbüchern meldete sich der Falken Verlag bei Müller und fragte an, ob sie einen praktischen Ratgeber zum Thema »Schlagfertigkeit für Frauen« schreiben könnte. Müller konnte, denn sie hatte sich bereits während ihres Studiums (Publizistik und Soziologie) mit Frauensprache und Männersprache beschäftigt. Auch in ihren Seminaren ging es immer häufiger um Kommunikation, Moderation und Präsentation. »Dabei kam es natürlich immer wieder zu Fragen, wie Frauen von sich reden machen können oder wieso Frauen manchmal an karrieretechnische Grenzen stoßen.«

In *Schlagfertig! Verbale Angriffe gekonnt abwehren* zeigt die Autorin, dass Frauen anders auftreten und anders sprechen als Männer und dass sie in verbalen Auseinandersetzungen oft den Kürzeren ziehen. Der Grund: die Angst davor, anderen auf dem Schlips zu treten. »Bei Frauen ist häufig das Selbstwertgefühl nicht so ausgeprägt, daher machen sie sich viel stärker davon abhängig, gefallen zu wollen.«

Müllers Buch zeigt Techniken auf, wie Frauen die verbale Selbstverteidigung trainieren können. »Sich zu wehren ist ein Handwerk, das man lernen kann«, so Müller. Drei Beispiele: Bei Angriffen wie: »Ich kann in Ihrer Vorgehensweise kein System erkennen«, ganz ruhig zurückfragen: »An welcher Stelle haben Sie denn Schwierigkeiten?« Oder bestimmte Entgegnungen für Standardsituationen auswendig lernen (»Wer hat Sie eigentlich gefragt?«). Oder negative Wertungen positiv umformulieren (»Du bist aber dick geworden!« – »Sieht man es endlich?«).

Vor dem Konzept für ein neues Buch steht die Ideensammlung. Und das heißt für Müller erst mal ausgiebig zu lesen. »Ich muss ja feststellen, ob ich das Buch überhaupt noch schreiben muss oder ob es nicht längst genug zu dem Thema gibt.« Im besten Fall grübelt sie bereits länger über eine Sache und hat schon einen Berg von Informationen gesammelt. Sie recherchiert im Internet, spricht mit Freunden, Freundinnen, Bekannten und allen, die möglicherweise Ideen zum Thema haben. Dann sammelt sie Stichworte und entwickelt daraus eine Gliederung.

Die meisten Sachbücher werden nicht linear von der ersten zur letzten Seite geschrieben. Müller beispielsweise verfasst die Einleitung zum Schluss. »Ich fange mit dem an, was mir am wichtigsten erscheint. Das sind dann Inseln, um die ich immer weiter herumbaue.« Zwischen sechs Wochen und einem Jahr dauert die Prozedur, bis das fertige Manuskript vorliegt. Dabei gibt es naturgemäß auch Tage, an denen einfach nichts funktioniert. Nach über zehn Sachbüchern habe sie jedoch die Gewissheit, dass auch das wieder vorbeigeht.

Um gute Sachtexte zu schreiben, muss man vor allem neugierig sein. »Ich will immer alles über die Leute wissen, warum sie so sind und wie sie sich entwickelt haben.« Dazu kommt ein natürlicher, nicht verklausulierter Stil mit wenig Substantivierungen und starken Verben. »Warum kompliziert, wenn es auch einfach geht?« lautet Müllers Motto. Viel Zeitung lesen, das hilft immer wieder, eine klare Sprache zu finden.

Müllers Lieblingsthema ist das Selbstmanagement. »Das heißt aber nicht, dass ich den Leuten zeigen will, wie sie in noch kürzerer Zeit noch mehr schaffen«, so Müller. Sie bezieht sich lieber auf eine ganzheitliche Theorie, die besagt, dass ein gutes Leben auf vier Säulen steht: Leben, Liebe, Lernen und ein Vermächtnis hinterlassen. Wenn einer dieser Bereiche konstant vernachlässigt wird, entsteht daraus ein enormer Energieverlust, der auch die anderen Säulen langfristig negativ beeinflusst.

Im Seminar lässt Müller deswegen die Teilnehmer als Übung ihre eigene Grabrede schreiben. »Die sind erst mal total verwirrt, aber dann fällt ihnen auf, dass sie dort sehr viel Wert auf Privates legen wie Zuverlässigkeit, Ehrlichkeit und Freundschaft.« Berufliches dagegen trete in solchen Momenten in den Hintergrund. »Auch auf dem Totenbett wünscht sich ja niemand, er hätte mehr Zeit im Büro verbracht.«

Noch existiert das Buch über Selbstmanagement nur in ihrem Kopf. Das Schöne am Sachbuch ist, so Müller, dass man die Dinge wirklich lange durchdenken kann. Abtauchen in ein Thema – manchmal mache sie nichts lieber als das.

Krimiautor

Raymond Chandler, Dashiell Hammet, Agatha Christie, Dorothy Sayers: Manche müssen Namen wie diese nur hören, und schon läuft Ihnen ein Schauer eiskalt den Rücken hinunter. Es sind die Großen einer Branche, die in uns Bilder von verrauchten Spelunken, schlecht beleuchteten Straßenecken, lässig im Mundwinkel klebenden Zigarettenstummeln und Schuhspitzen hinter bodenlangen Vorhängen aufsteigen lassen.

Doch was für Menschen, so fragt sich der Laie, stecken bloß hinter den Geschichten von Zeter und Mordio, von Raub, Totschlag, Bestechung, von Liebe, Hass und Eifersucht? Wo finden sich die Leute, die aus den Untiefen der menschlichen Seele und Gesellschaft aus dem Vollen schöpfen? Nun, einen großen Teil ihres Lebens verbringen sie zu Hause am Schreibtisch, wo sonst?

Interview

Thea Dorn hat die Kriminalromane *Berliner Aufklärung*, *Ringkampf* und *Die Hirnkönigin* bei Rotbuch veröffentlicht und wurde mit dem Marlowe der deutschen Raymond-Chandler-Gesellschaft und dem Deutschen Krimipreis ausgezeichnet.

Frage: Wie sieht der Alltag einer Krimiautorin aus?

Dorn: Es gibt drei Phasen im Arbeitsleben einer Krimiautorin: Recherchieren, Schreiben, Tingeln. Gerade beim Kriminalroman geht ohne gründliche Recherche nichts. Wenn man einen Roman über die Russenmafia schreiben will, reicht es nicht aus, sich im Fernsehen einen Tatort über die Russenmafia anzugucken. Das klingt banal, aber ich bin immer wieder erstaunt, wie gering das Rechercheethos bei manchen Kollegen hierzulande ist. Man muss sich in die Milieus, die man beschreiben will, mit großer Liebe zum Detail hineinarbeiten, sonst bleiben die Kulissen Pappmaschee.

Frage: Und die zweite Phase?

Dorn: Mit dem Schreiben zu beginnen bedeutet, dass man sich im Groben einen Plot ausdenkt und einen genauen Personenplan macht, sich also überlegt, welche Biografien die Figuren haben, die in dem Roman vorkommen sollen, und in welchem Verhältnis sie zueinander stehen. Der Rest ist Schreiben, Schreiben, Schreiben. Manchmal entdeckt man, dass man noch weitere Recherchen braucht. Wenn man zum Beispiel merkt, dass eine Szene in einem Casino spielen soll, dann wird man wohl einen der nächsten Abende in der Spielbank verbringen. Und immer so weiter, bis eine erste Fassung des Romans fertig ist.

Frage: Dann kommt der Lektor ins Spiel?

Dorn: Wenn man Pech hat (oder Glück – je nachdem), kann es passieren, dass man nach dem ersten Lektorat den eigenen Text mit anderen Augen sieht, und eine zweite lange Strecke am Schreibtisch beginnt: überarbeiten, überarbeiten, überarbeiten.

Frage: Und wenn das Buch endlich fertig ist?

Dorn: Die dritte Phase im Leben der Krimiautorin ist schließlich die Vermarktung, also mit dem Roman durchs Land ziehen, Lesungen machen und Interviews geben. Am besten ist es, man nomadet so lange herum, bis man sich wieder nach der Isolationshaft am Schreibtisch sehnt und alles von vorn beginnen kann.

Frage: Was muss man können, um gute Krimis zu schreiben?

Dorn: Zunächst einmal braucht man natürlich Fantasie; man muss Lust daran haben, sich Geschichten auszudenken. Und man muss neugierig auf die Milieus und die Figuren sein, die man erfindet oder beschreibt. Ansonsten braucht man eine ordentliche Portion Sitzfleisch. Einen Krimi zu schreiben ist kein Spaziergang. Man muss sein Handwerk beherrschen. Man muss wissen, wie man die Handlung so erzählt, dass der Spannungsbogen beständig wächst, man muss das Spiel zwischen *Dinge verraten* und *Dinge verschweigen* sehr genau beherrschen. Beim Krimi merkt der Leser handwerkliche Fehler sofort. Und er verzeiht sie nicht.

Frage: Wie lernt man einen guten Stil?

Dorn: Es ist schade, dass es in Deutschland zurzeit noch sehr wenig Möglichkeiten gibt, das Handwerk des Schreibens zu lernen. Die romantische Vorstellung, der Schriftsteller sei ein Genie, das nur in sich hineinhorchen muss, und schon fließt ihm Brillantes in die Feder, hält sich leider sehr hartnäckig. Stil lernt man am besten, indem man liest, liest und wieder liest. Und indem man alles vergisst, was einem im Deutschunterricht als guter Stil beigebracht wurde.

Frage: Was ist das Schwierigste beim Krimischreiben?

Dorn: Jeder Autor findet etwas anderes am schwierigsten. Ich persönlich kämpfe am meisten mit der Konstruktion des spannenden Plots. Einen Düsenjet zu konstruieren kann nicht viel komplizierter sein.

Frage: Muss man selbst eine kriminelle Ader haben?

Dorn: Man muss nicht, aber es hilft.

Lyriker

Lyrik gilt als allerfeinstes literarisches Fach. Selbst Goethe und Shakespeare werden trotz anderer, viel bekannterer Werke stets zuerst mit ihren Versen in Verbindung gebracht. Aber kann man heute noch von Lyrik leben? »Man kann durch Auftritte eine Menge Geld verdienen, wenn man seine Gedichte als Event verkauft«, so der Schweizer Christian Uetz. Als Event?

Uetz ist einer der gefragtesten deutschsprachigen Dichter an Theatern, auf Kleinkunstbühnen, in Buchhandlungen, Literaturhäusern und -werkstätten. Seine Auftritte bestehen aus heftigen rhythmischen Vorträgen von verfremdeten, ineinander verschlungenen Worten. *Enghell* beispielsweise verknüpft Enge, Engel und Helle.

Uetz hat nichts gemein mit dem Klischee vom in sich gekehrten, stillen und verklärten Dichter. Seine Vorträge sind Obsession, »eine hysterische Zirkusnummer mit polyphonem Sprechen, ein theatralisches Wortspektakel«. Er redet die Zuschauer in Rausch, bis sie immer mehr Worte gleichzeitig hören, sich fragen, wie das überhaupt möglich ist. Seine Methode: »Wahnsinn und Training.« Dafür erhält Uetz 1999 den 3sat-Preis beim Ingeborg-Bachmann-Wettbewerb in Klagenfurt. Die *Neue Zürcher Zeitung* beschreibt ihn als »herausragenden Sprachkünstler ... keiner schreibt so radikal«.

Im 21. Jahrhundert hat der Dichter nichts mehr mit Reimen zu tun. »Man sagt mit möglichst wenig Worten möglichst viel. Lyrik ist die dichteste Form des Sprechens«, so Uetz. Der Klang ist ihm ebenso wichtig wie die Bedeutung, die Länge wird nicht in Zeilen, sondern in Zeiten gemessen. Das längste seiner Gedichte braucht 22 Minuten, das kürzeste zehn Sekunden. Ein Beispiel unter einer Minute: »Ich schwanke. Ich traumle. Schon kann ich alleine nicht mehr gehen. Du bist die Hauthaarige, die mich fellt.«

Angefangen hat alles im Alter von zwanzig Jahren, als Uetz sich während seines Studiums zum Deutschlehrer von Nietzsches *Zarathustra* und Heideggers *Sein und Zeit* inspirieren lässt. Er beginnt Gedichte zu schreiben, ist überzeugt, »etwas Großes zu tun«. Mit seiner Meinung steht er jedoch zunächst alleine da. Nach vier

Absagen von vier Verlegern zieht er sich zurück und schreibt nach eigener Aussage »keine Zeile mehr«.

Trotzdem geht die Zeit nicht spurlos an Uetz vorüber. Er verliert an Naivität, wird unkonventioneller und avantgardistischer. Er beschäftigt sich mit moderner Kammermusik, spielt Querflöte und liest Paul Celan und Georg Trakl.

Nach sieben Jahren geht Uetz in eine große Züricher Buchhandlung um nach Lyrik zu suchen. Drei Bände, die ihm am besten gefallen, sind von einem Verlag in Frauenfeld. Uetz fährt hin. Sein Auftritt dort ist Legende: Auf die Frage des Verlegers, was er denn möchte, antwortet er: »Ich möchte mich hier umsehen. Wenn es mir gefällt, zeige ich Ihnen meine Gedichte.«

Danach verläuft alles wie im Märchen: Der Verleger nimmt ihn als Neuentdeckung auf eine Lesung nach Heidelberg mit. Unter den zehn Zuhörern ist ein Mitveranstalter der Heidelberger Poesietage 1994. Dort fällt er den Machern der Literaturwerkstatt Berlin auf und wird zur Sommernacht der Lyrik geladen. Dort wiederum wird das New Yorker Goethe-Institut auf den Dichter aufmerksam und lädt ihn zusammen mit den Lyrikern Durs Grünbein und Thomas Kling nach New York ein. Staatliche und private Förderungen (Schweizer Kulturstiftung, Canton Thurgau, Lydia-Eimann-Stiftung) folgen.

Uetz gibt als Grundstimmung seiner Arbeit eine »typisch schweizerische Mischung aus Freundlichkeit und Feigheit« an. Seine Gedichte sind auch ein Befreiungsprozess: »Ich muss mich versammeln, um trunken, besessen, übermütig zu werden. Das funktioniert mit Blindheit und Abgeschiedenheit. Ein Dichter muss warten können, bis er etwas zu sagen hat.« Die anerzogene »schweizerische Kleinheit« empfindet er als Stärke und Schwäche zugleich.

Uetz' erstes Buch heißt *Luren* (»Luren sind Huren aus Nichts«), das zweite *Reeden.* (»Reeden sind Ankerplätze des Redens«), das dritte *Nichte.* (»Nichte ist der Plural von Nicht, und ein Nicht ist nicht«). Nichte und andere Gedichte gibt es auch als CD. Der jüngste Gedichtband hört auf den Namen *ZoomNichtKindchen*: »Es holt alles, was nicht ist, näher heran. Beim Lyriker ist alles ganz einfach ganz einfach nicht«, kommentiert Uetz.

Wie arbeitet ein Dichter? Etwa am Schreibtisch, wie alle anderen auch? Oder gar am Computer? »Viel Arbeit mache ich am Rechner, sitze monatelang an einzelnen Worten, frage mich immer wieder, ob etwas billig ist oder kitschig oder abgedroschen. Manche Einfälle kommen auch plötzlich, im Kino, im Konzert, im Zug, während einer Veranstaltung.« Früher sei er sehr vom Augenblick abhängig gewesen, heute hätte er das Schreiben zur Disziplin gemacht. Wenn Uetz nicht weiterkommt, geht er spazieren oder joggen, er liest, Literatur, Poesie, Philosophie, oder er trifft Leute, um sich abzulenken. Auch Askese hilft: »Sehr diszipliniertes Essen schafft Klarheit im Kopf.« Sein nächstes Werk trägt den Arbeitstitel *Don San Juan*. »Ein Monolog. Wie Lyrik. Nur ein paar hundert Seiten länger.«

Info-Box

Literaturzeitschriften, die eingesandte Gedichte veröffentlichen sind zum Beispiel:

Das Gedicht	Cet-Zeitschrift für Literatur
Postfach 12 03	Stora Verlag
82231 Weßling bei München	Corneliusstr. 42
Tel.: (0 8153) 95 25 22	80469 München
Fax: (0 8153) 95 25 24	Tel.: (089) 2 01 44 27
www.dasgedicht.de	Fax: (089) 2 01 44 27
erscheint ein- bis zweimal jährlich	www.storaverlag.de
	Cet erscheint sowohl als Print- als auch als Internetausgabe: www.cet-literatur.de

Lyrik im Internet:

Lyrik online – the international poetry connection www.lyrik.ch

Drehbuchautor

Wer Drehbücher schreibt, braucht nicht nur eine blühende Fantasie, sondern vor allem viel Geduld. Filmfiguren müssen erst entstehen, bevor man sie und ihre Geschichten zu Papier bringt. Bei Rodica Döhnert aus Berlin kann das schon mal eine Weile dauern. »Denn zuerst lungern die Figuren auf meinem Sofa rum, fressen meinen Kühlschrank leer und wollen dann auch noch von mir zum Arzt begleitet werden.« Ihre Personen brauchen eine Biografie, einen Charakter, Krankheiten, Fehler, Ansichten und Angewohnheiten.

Zu DDR-Zeiten volontierte Döhnert beim *Deutschen Fernsehfunk* und studierte später Regie an der Hochschule für Film und Fernsehen in Babelsberg. »Nach der Wende kam der Crashkurs West. Ich drehte einen Industriefilm nach dem anderen und lernte so die westdeutsche Wirtschaft kennen«, erinnert sie sich. Kinder-Serien wie *Fine Freitag* oder *Die Gespenster von Flatterfels* folgten, später ZDF-Filme in der Reihe *Achterbahn* und Folgen für den *Polizeiruf*. Außerdem drehte sie Dokumentarfilme über die Verlierer der Wende. »Von diesen Erfahrungen zehre ich bis heute. Vieles davon fließt in meine Geschichten ein.«

Als die alleinerziehende Mutter von zwei Kindern irgendwann einmal total pleite war, kam ihr die rettende Idee, sich als Storyliner bei der Ufa Grundy zu bewerben. In einem bunt zusammengewürfelten Schreibteam von zwölf ganz unterschiedlichen Leuten sollte sie sich Geschichten für die von Montag bis Freitag laufende 25-minütige Serie *Alle zusammen und jeder für sich* ausdenken. Immer in drei sich abwechselnden Handlungssträngen, wie das bei Serien dieser Art üblich ist. »Das hört sich simpel an, ist aber harte Arbeit und eine verdammt gute Schule fürs Drehbuchschreiben.«

Nach einem halben Jahr bereits schrieb sie die ersten eigenen Folgen für eine SAT.1-Serie, kurz darauf das Drehbuch für *Florian – Liebe aus ganzem Herzen*, einen 90-minütigen Film, der sieben Millionen Zuschauer vor den Bildschirm lockte. »Auf einmal wusste ich, dass ich Geschichten übers Leben erzählen will. Seither bin ich süchtig nach dem Schreiben.«

Vor Angeboten kann sich Döhnert mittlerweile kaum noch retten. Und an Geschichten mangelt es ihr nicht. »Ich schreibe über Grenzsituationen. Natürlich fließt auch viel von meinem eigenen Leben mit ein.« Alles, was sie ins Drehbuch schreibt, muss Hand und Fuß haben. Die Recherchen nehmen mehr Zeit in Anspruch als das Schreiben selbst. Viele Ideen entstehen nicht nur am Laptop, sondern draußen im Leben – kein Job für Stubenhocker. »Ab und zu muss ich einfach raus, auf Sportplätze, in Krankenhäuser und in Selbsthilfegruppen, um in die Atmosphäre meiner Schauplätze einzutauchen.« Berlin ist dabei wichtige Inspiration, »weil hier so unterschiedliche Lebensgefühle nebeneinander her existieren: Ost, West und viele Nationalitäten«.

Um sich Wissen anzueignen, verbringt die Drehbuchautorin oft Stunden in Bibliotheken, trifft sich mit Ärzten und Forschern und besucht Uni-Vorlesungen. Das wichtigste Anschauungsmaterial sind und bleiben aber für sie Menschen. »Denn das sind ja meine späteren Zuschauer.«

Döhnert muss ihre Drehbücher kaum noch anbieten. Meistens wird sie von großen Sendern beauftragt, einen Film zu schreiben. Wenn sie dann eine ausgereifte Idee hat, setzt sie sich hin und verfasst erst mal das Treatment. Später kommt dann die lange Fassung mit den Dialogen und genauen Handlungsanweisungen. Wenn ein Regisseur versucht, beim Dreh Döhnerts Figuren umzumodeln, ist Fingerspitzengefühl angesagt: »Schließlich sind die Figuren in meinem Kopf drin und leben mit mir. Sie einfach zu verändern ist ein schwieriger Prozess.«

Info-Box

Infos für gestandene DrehbuchautorInnen und solche, die es werden wollen:

Master School Drehbuch	Autorenschule Hamburg
August-Bebel-Str. 26-53	Friedensallee 7
14482 Potsdam-Babelsberg	22765 Hamburg
Tel.: (0331) 743 87 60	Tel.: (040) 39 90 99 31
Fax: (0331) 743 87 99	Fax: (040) 3 90 95 00
www.filmboard.de/msd/master.html	www.medienundkultur.
(Ausbildung, Fortbildung, Aufbau-	hamburg.de
seminare)	(Fortbildung)

Verband deutscher
Drehbuchautoren
Rosenthaler Str. 39
10178 Berlin
Tel.: (0 30) 2 82 42 05
Fax: (0 30 2 83 17 96
www.drehbuchautoren.de
(Interessenvertretung der Branche:
Rechtsberatung, Tarifverhandlungen, Seminare)

Syd Field u. a., *Drehbuchschreiben für Fernsehen und Film. Ein Handbuch für Ausbildung und Praxis*, München 1996

Sportbuchautor

Kann man sich ein vielversprechenderes Publikum denken als echte Fans? Und gibt es eine Branche, in der diese Spezies weiter verbreitet ist als im Sport? Weil der Glanz einer ruhmreichen Siegessekunde schnell verblasst, muss es neben den Steffi Grafs, Michael Schumachers und Franz Beckenbauers dieser Erde auch Menschen geben, die all die Glücksmomente aus Siegestaumel und Freudenrausch für die Ewigkeit aufbewahren.

Ein echter Sportfan muss zu jedem Zeitpunkt nachschlagen können, wie Schalke 04 gegen Borussia Dortmund 1969 gespielt hat – 1:1 nach Toren von Pirkner (37.) und Weist (65.) –, wer wann welches Team trainiert hat und was man sonst noch alles für das Fantum wissen muss. Dafür gibt es Enzyklopädien europäischer Vereine, Pokal- und Bundesligageschichten, Tipps für Auswärtsspiele, Vereinsgeschichten, Jahrbücher, Fanbücher, Tore des Jahres. Etwas literarischer ist *Gott ist rund* von Dirk Schümer, und etwas satirischer *Wieder keine Anspielstation,* herausgegeben von Klaus Bittermann und Jürgen Roth. Hinzu kommen Autobiografien, Fanforschung, Erlebnisberichte, Kalender und How-to-Bücher: *Mehr Treffsicherheit beim Golf, Mehr Ausdauer beim Marathon* und *Das 1×1 des Fitness-Sports.*

Sportbücher zu schreiben oder herauszugeben ist eine geeignete Tätigkeit für Bücherwürmer, die Sport zwar interessant, Bewegung aber eher lästig finden. Trotzdem haben die meisten Autoren und Herausgeber wenigstens in ihrer Jugend Sport getrieben. So wie Bernd Müllender, der zu Schulzeiten ein durchaus hoffnungsvoller 1 000-Meter-Läufer und Stabhochspringer war. Sein Abitur machte er in Sport, Schwerpunkt Tennis. Später kamen Fußball und Golf (aktuelles Handicap 22) dazu. »Aber den Sport zum Beruf zu machen, nee, das wär mir einfach zu stressig gewesen«, erklärt er. Stattdessen verlegte er seine Aktivität aufs Schreiben und Herausgeben. Zusammen mit einem Kollegen brachte er *Gib mich die Kirsche, Deutschland* auf den Markt, das erste Nachschlagewerk über bunte und wilde Ligen und Amateurfußball, fernab der Statuten des Deutschen Fußballbunds. Hier präsentierten sich Thekenmannschaften, Stadtteilgruppen, Bürogemeinschaften und bunt zusammengewürfelte Teams, die nur ein Ziel haben: elf gegen elf auf zwei Tore. Um der Ernsthaftigkeit des organisierten Fußballs etwas entgegenzusetzen, ergänzte Müllender das Lexikon mit Essays, Anekdoten und Betrachtungen zum Thema.

Müllenders nächstes Werk: *Fußballfrei in 11 Spieltagen. Eine Entziehungskur für Süchtige.* »Ich wollte zeigen, wie man auf sanften und behutsamen Wegen zu einem freien Leben ohne Fußball kommen kann.« Wer das Buch sorgfältig durcharbeitet und sich an alle Hinweise hält, habe gute Chancen, clean zu bleiben. Hilfe sei vor allem von den Angehörigen nötig. »Ein Buch für die ganze Familie«, so Müllender.

Danach erschien aus Müllenders Feder *Ciao Lodda*, das sich ganz einer Person widmet: Lothar Matthäus, der nach Erscheinen des Buchs teilweise für die Schlappe bei der Europameisterschaft 2000 verantwortlich gemacht wurde. *Ciao Lodda* zeigt den Weg des Rekordnationalspielers von seiner Geburt bis zu seinem fiktiven 100. Geburtstag im Jahr 2062 auf. »Ich hatte bereits eine tägliche Kolumne über Lothar Matthäus in der *taz* geschrieben, da lag es nahe, das alles zu einem Buch zusammenzutragen«, erzählt der Autor.

Ursprünglich studierte Müllender Volkswirtschaftslehre und Publizistik. »Beides habe ich erfolgreich abgebrochen«, erzählt er. »Es machte mir einfach keinen Spaß, und ich hatte keinen Schimmer, was ich damit anfangen sollte.« Da lag ihm schon eher die Redaktionsarbeit bei der Studentenzeitung *Wiwisch*, die in Köln, Aachen und Münster erschien.

Ein Aushang an der Uni »Neuer Verlag sucht Autoren« brachte Müllender schließlich auf eine neue Idee. »Das stellte ich mir einfach toll vor, so als kleines Studentlein vorn auf einem Buch zu stehen.« Einige Monate später hielt er seinen Erstling – einen 100 Seiten starken Studienführer Wirtschaftswissenschaften – druckfrisch in der Hand. »Irgendwann ist das Projekt dann allerdings aus Mangel an Mitarbeitern eingegangen. Es gab nicht genug Verrückte, die das Begonnene hätten weiterführen können.«

Aber Müllender hatte Blut geleckt. Er bewarb sich um ein Stipendium der Robert-Bosch-Stiftung für Nachwuchs-Wissenschaftsjournalisten »Eigentlich haben die da Naturwissenschaftler gesucht, die in den Wissenschaftsjournalismus wollten. Außerdem brauchte man ein Diplom.« Trotzdem wurde er genommen »als Sonderfall«.

Von da an wurde es leichter, Praktika in der Redaktion der *Zeit*, bei *Geo* und bei der *WAZ* sowie beim NDR und WDR zu machen. »Gerade bei der *Zeit* merkte man, dass ich zwar ein netter Typ bin, der auch sicher irgendwie schreiben kann. Aber ich hatte ja von Tuten und Blasen keine Ahnung.« Der Chefredakteur nahm ihn unter seine Fittiche und brachte ihm das Schreiben von der Pike auf bei. Sein erster Beitrag auf den Wissenschaftsseiten war unterschrieben mit dem Kürzel Müll. »Ein Zeichen, das ich seitdem pflege«, so Müllender.

Der bekennende Aachener arbeitete jahrelang als freier Journalist für Radio, Fernsehen und Print – immer 50 Prozent Sport und 50 Prozent alles andere. Dabei achtete er auf eine ausgewogene Mischung aus langfristigen und kurzfristigen Aufträgen. »Ein Buch beschäftigt einen viele Monate und begleitet einen kontinuierlich. Und die Leute stellen es sich dann ins Regal. Ein Artikel dagegen ist am nächsten Tag vergessen.« Die Arbeit an einem Buch sei eine ganz andere als im Journalismus. Hier hätte man Platz, müsse nicht immer auf Zeilenzahl achten und könne »mal so richtig labern«.

Die Bücher geben dem Autor eine Menge Freiheiten, die er im festen Umfeld der Zeitungen und Zeitschriften nicht hat. »Und man darf immer mal von der Bestsellerliste träumen.« Einen Nachteil hätte das Bücherschreiben aber auch: »Wenn man Artikel verfasst, rezensiert einen keiner. Wenn man aber Bücher macht, dann gibt es Kritiker, die schauen einmal auf den Klappentext, lesen zwei Sätze und schmieren dann irgendwas hin.« Kopien solcher Rezensionen, die per Post ins Haus kommen, seien schon mal Anlass für einen Wutanfall gewesen. »Aber es gibt auch hymnische Lobpreisungen, das gleicht alles wieder aus«, so Müllender.

Wer sich fürs Sportbuchschreiben interessiert, sollte laut Müllender auf keinen Fall auf den Zug der 08/15-Sportbücher aufspringen. »Qualität schadet nicht. Der Markt ist ja schon überschwemmt mit Schrott, zum Beispiel die ganze Hofberichterstattung über die Vereine.« Bei aller Liebe zum Sport und Verehrung für die Helden sollte man als Buchautor immer eine kritische und bisweilen auch ironische Distanz zum Thema halten.

Info-Box

Verlage, die Zeitschriften oder Bücher zum Thema Sport publizieren, sind unter anderem:

Agon Verlag
Frankfurter Str. 92 a
34121 Kassel
Tel.: (05 61) 9 27 98 27
Fax: (05 61) 28 34 39
www.agon-online.de

Olympia Verlag
90327 Nürnberg
Tel.: (09 11) 2 16 22 37
Fax: (09 11) 2 16 21 21
www.olympia-verlag.de

Klartext
Dickmannstr. 2
45134 Essen
Tel.: (02 01) 86 20 60
Fax: (02 01) 8 62 06 22

Sportverlag Berlin
Charlottenstr. 13
10969 Berlin
Tel.: (0 30) 25 91 35 50
Fax: (0 30) 25 91 35 16
www.sportverlag-berlin.de

Über den Olympiaverlag sind die Redaktionen von *Kicker*, *Berge*, *Unterwasser* und *Alpin* zu erreichen.

Kochbuchautor

Die Arbeit eines Kochbuchautors beschränkt sich nicht etwa auf das Zusammenstellen von Rezepten. Neben Mengenangaben wie »100 Gramm Frühlingszwiebeln, 2 Esslöffel Olivenöl« und den Zubereitungshinweisen »Zwiebeln fein hacken und mit dem Öl glasig anbraten« finden sich in modernen Küchenratgebern Storys, Anekdoten und viel Wissenswertes rund um Essen und Trinken. Viele Kochbücher geben zusätzliche Hinweise auf den passenden Wein, manche auch auf Musik, Geschirr und Gedichte. Das Verzeichnis lieferbarer Bücher (VLB) listet über 3 000 verschiedene Kochbücher. Hoch im Kurs stehen italienische, französische, orientalische und asiatische Küche, aber auch Themen wie Fleisch und Fisch, Vorspeisen und Suppen, Kuchen, Torten und Desserts. Etwas unkonventioneller: Kochen für Junggesellen, ganz Eilige oder Klingonen. Manche Titel sind Bestseller: Der Eichborn Verlag gibt die Zahl der verkauften Aldidente-Kochbücher (in denen nur mit Aldi-Zutaten gebrutzelt wird) mit über 1,5 Millionen Exemplaren an.

Kochbuchautoren bieten selbst Titel an oder erhalten vom Verlag ein Thema vorgegeben: Kochen mit Nudeln, Kochen mit Kürbis, Kochen mit Apfelessig, Kochen mit Getreide. Dann beginnen sie die Recherche. »Ich bin 24 Stunden am Tag on the job und finde überall Inspiration«, sagt Rose Marie Donhauser, freiberufliche Kochbuchautorin und Food-Journalistin. Ob beim Einkaufen, im Restaurant, bei Freunden oder auf Reisen: »Manchmal finde ich einfach keine Ruhe mehr, bis der Koch in einem exotischen Restaurant das Rezept herausrückt«, erzählt sie.

Donhauser wuchs in einem bayerischen Landgasthof auf, machte eine Ausbildung zur Köchin, absolvierte Volontariate in Stockholm und Brüssel und machte sich später als Autorin selbstständig. Unter den über 20 Titeln bei Verlagen wie Falken und Südwest finden sich *Trennkost mit Aldi, Blitzrezepte für eine Person, Lust auf Lachs* und *Neue Köstlichkeiten mit Hackfleisch.*

Kochbuchautoren sind stets auf der Suche nach neuen thematischen Ansätzen, was bei der Vielzahl der Titel schwierig ist: Kulinarische Stadtführer gibt es schon, Kochen nach der Bibel auch, ebenso Anleitungen zum Kochen nach erotischen Romanen der Weltliteratur, danach Kochen gegen Liebeskummer oder verbrecherisches Kochen mit Krimis. Sogar Fußballkochbücher mit den Lieblingsrezepten der Spieler einer Mannschaft sind auf dem Markt.

Kochbuchautoren sammeln nicht nur Rezepte, sie erfinden auch neue. Dabei lassen sie sich von einem Thema inspirieren, beispielsweise *Kochen im Wohnmobil*, *Kochen für Rechtsanwälte* oder *Kochen nach Sternzeichen*. »Ich fange meistens mit einer Zutat an, die ich selbst unheimlich mag. Und dann denke ich von dort aus weiter, was man damit alles machen könnte«, so Donhauser. Nach den ersten Versuchen lädt sie Feinschmeckerfreunde zum Probeessen und Hobbyköche zum Nachkochen ein.

Kochbücher werden auch von Prominenten verfasst: Alfred Biolek, Barbara Rütting und Paul Newman präsentieren ihre Lieblingsrezepte zum Nachkochen. Die meisten Kochbücher sind aufwändig illustriert und werden häufig als Geschenkbuch verkauft. Auf den dazugehörigen CD-Roms finden sich kleine Filme über die Zubereitung und Kalkulationsprogramme, mit denen man die Zutaten für jede Zahl von Personen berechnen oder die Einkaufsliste für ein mehrgängiges Menü ausdrucken lassen kann. Einige Autoren veranstalten außerdem Kochkurse und Workhops.

Praxis-Box

1. Entwickeln Sie fünf neue thematische Ansätze für ein Kochbuch wie Kochen für Geister, Slow Food, Kochen wie im Mittelalter. Überprüfen Sie, ob es diese Titel schon gibt.
2. Wählen Sie eine Zutat, die Sie selbst besonders mögen, also beispielsweise Kartoffeln, Zitronengras oder Krebse. Entwickeln Sie zehn eigene Kreationen mit dieser Zutat.
3. Wählen Sie eine Zeit (Antike, Mittelalter, Flowerpowerzeit) oder einen Ort (Rom, New York, Bayern) und recherchieren Sie zehn dazu passenden Rezepte.

Info-Box

Verlage, die Kochbücher herausgeben, sind beispielsweise:

Compact Verlag
Züricher Str. 29
81476 München
Tel.: (089) 7 45 16 10
Fax: (089) 75 60 95
www.compactverlag.de

Gräfe und Unzer
Grillparzerstr. 12
81675 München
Tel.: (0 89) 41 98 10
Fax: (0 89) 41 98 11 13
www.graefe-und-unzer.de

COMPANIONS
Rödingsmarkt 9
20459 Hamburg
Tel.: (040) 30 60 46 00
Fax: (040) 30 60 46 90
www.companions.de

Midena Verlag
Hilblestr. 54
80636 München
Tel.: (089) 7 00 42 82
Fax: (089) 7 00 42 79

Falken Verlag
Schöne Aussicht 21
65521 Niedernhausen
Tel.: (0 61 27) 70 20
Fax: (0 61 27) 70 21 33
www.falken.de

Reiseführerautor

Könnte Reiseführer zu schreiben eine Möglichkeit sein, die Urlaubskasse zu füllen? »Es kommt darauf an, welche Vorstellung man von Urlaub hat. Die Recherchen nehmen wahnsinnig viel Zeit in Anspruch. Man muss alle möglichen Strecken abfahren, sich viel anschauen, was man später nicht verwerten kann, und sich mit Bürgermeistern, Kurdirektoren und Museumswärtern auseinander setzen«, erklärt die Reiseautorin Ulrike Krause, die unter anderem für DuMont und den HB-Verlag schreibt. Die meisten hätten jedoch andere Vorstellungen von den schönsten Wochen im Jahr.

Die Deutschen sind Weltmeister im Reisen und so erscheinen jährlich etwa 15 000 Reisetitel, darunter Stadt-, Land-, Kultur- und Wanderführer, Landkarten, Videos, landeskundliche Titel und Hotelführer.[3] Neben literarischen, kunsthistorischen und kulinarischen Begleitern gibt es auch spezielle Titel wie *Mit der Transsibirischen Eisenbahn, Bayerische Schlossgespenster* oder *Reisen zum Mond.* (»Essen Sie keine Kekse auf der Reise! Herumfliegende Krümel können schwere Schäden verursachen.«) Krause empfiehlt allerdings, sich derlei Exotik für den Lebensabend aufzuheben. »Am Anfang sollte man besser über die üblichen Reiseziele arbeiten. Also lieber über den Timmendorfer Strand statt über Verden an der Aller, so spannend es da auch zugehen mag.« Denn: viele Touristen bedeuten viele potenzielle Käufer. 13 Millionen deutsche Spanienurlauber pro Jahr brauchen einen Reiseführer für Mallorca, die Kanarischen Inseln und die Costa Brava. Bei knapp 150 000 Australienbesuchern dagegen ist der Bedarf schon rein rechnerisch deutlich geringer.[4]

Neben den großen Reiseverlagen wie DuMont, Vista Point, Merian, Artemis, Ullstein, ADAC Reisen oder dem alternativen Loneley Planet existieren etwa 200 Kleinverlage.[5] Die meisten machen ihren Autoren klare Vorgaben: Spachstil, Aufbau, Seitenzahl, Gliederung des Serviceteils. Schließlich sind die meisten Käufer Stammkunden. Sind sie mit einem Reiseführer zufrieden, greifen sie immer wieder zur selben Reihe. Das Erscheinungsbild soll daher einheitlich sein, sodass der Leser sich in jeder Ausgabe zurechtfindet. In seinen Taschenbüchern beispielsweise erwartet DuMont Hinweise auf das Alltagsleben vor Ort mit kleinen Reportageelementen und einer »witzigen einfachen Schreibe ohne schwierige Fremdwörter«. Dafür verwendet der Verlag für die Bebilderung auch Fotos der Autoren – ein willkommenes Extrahonorar. Andere Verlage schicken ihre eigenen Fotografen los oder bitten um Listen geeigneter Motive.

Vor Ort muss der Reiseautor gut zu Fuß sein. »Alles, was ich schreibe, habe ich selbst gesehen. Man muss sich einen eigenen Eindruck verschaffen, sonst bleiben die Texte immer leblos«, erklärt Krause. Aufmerksamkeit für die eigene Umgebung, ein guter Blick für das Alltägliche und das Besondere und natürlich Kontaktfreudigkeit gehören dazu. Über die Hafenwirtschaft spricht Krause mit dem Hafendirektor, über ein Naturschutzgebiet mit einem Ranger und über ein geplantes Staudammprojekt mit einem Ingenieur und einer Umweltschutzaktivistin.

In jedem Ort gibt es neben den offiziellen auch inoffizielle Informationsquellen. Es lohnt sich, im Café die Ohren zu spitzen (Fremdsprachenkenntnisse vorausgesetzt), zur Kosmetikerin oder zum Friseur zu gehen, Sportereignisse anzuschauen oder einen Gottesdienst zu besuchen. Krause tut das, wann immer es geht, gemeinsam mit ihrem Kollegen Enno Wiese. »Zu zweit kann man über das Erlebte und Gehörte reden, alles ganz anders verarbeiten, Ideen entwickeln«, erklärt Krause die Teamarbeit. Außerdem teilen sie sich die Arbeit bei weniger aufregenden Reisezielen. Wiese ist dann für die geschichtlichen Einzelheiten zuständig, Krause kümmert sich um den Serviceteil.

Für einen DuMont-Führer Moskau/Leningrad hat das Autorenteam ein halbes Jahr von Deutschland aus recherchiert. Sie fuhren mehrmals hin und verbrachten vor Ort insgesamt zwei Monate. »Gerade in der Umbruchzeit der Sowjetunion änderte sich alles ständig. Keiner konnte uns sagen, wann wo etwas stattfindet. Jeden Tag gab es neue Gerüchte, dauernd öffneten und schlossen Hotels, Restaurants und Diskotheken.«

Zur Vorbereitung gehört die Recherche. Das Autorenteam liest »halbe Bibliotheken« über Geschichte, Kunstgeschichte, Architektur, politische, wirtschaftliche und gesellschaftliche Entwicklungen. Auch das Internet hilft, heute, wo »jedes Dorf schon einen Webauftritt hat«. Gerade bei Aktulisierungen ist es nicht immer möglich, erneut vor Ort zu recherchieren.

Da viele Verlage Autoren pauschal für die Zusammenstellung eines Reiseführers bezahlen, rät Krause, erst einmal »in der Nähe zu bleiben und die Recherchekosten niedrig zu halten«. In Goa am Strand zu schlafen wäre zwar billig, aber keine günstige Voraussetzung für professionelles Arbeiten. Radwanderwege oder Naturschutzgebiete in Brandenburg zu erkunden, könne man dagegen mit einem vertretbaren Budget bewältigen.

Die meisten Reiseführer werden alle ein bis drei Jahre aktualisiert, Kunstführer seltener. »Dann wird es finanziell auch attraktiver: Die Hauptarbeit ist geleistet, man sieht sich die Gegend nur noch ab und zu an und bleibt mittels Internet und Presse auf dem Laufenden.« Krauses zusätzlicher Rat für Nachwuchsautoren, die in die Reisebranche wollen: »Aufs Dorf ziehen. Wer die meiste Zeit sowieso unterwegs ist, kann seine heimischen Mietkosten auf dem Land viel leichter niedrig halten.«

Info-Box

Verlage der Reisebranche, Fachverbände, Touristikunternehmen, wissenschaftliche und Fremdenverkehrseinrichtungen sowie weitere Adressen finden sich im

Taschenbuch für die Touristik-Presse, Garmisch-Partenkirchen/Seefeld (jährliche Neuauflage)

Der Roman zum Film

Am Anfang ist das Buch, dann kommt der Film, so denkt man. Und bei *Die Apothekerin*, *American Psycho* und *Käpt'n Blaubär* ging der Erfolg auf der Bestsellerliste dem Leinwanderfolg voraus. Doch es geht auch anders: Nach erfolgreichen TV-Produktionen und Kinofilmen nutzen Produktionsfirmen die Popularität von Helden und Settings, um Romane zum Film auf den Markt zu bringen.

Interview

Ulrich Hoffmann schrieb den Roman zu den Kinofilmen *Das merkwürdige Verhalten geschlechtsreifer Großstädter zur Paarungszeit* und *Anatomie*. Zusätzlich übersetzt er Bücher, die aus Drehbüchern entwickelt wurden, beispielsweise zu der Erfolgsserie *Akte X*. Der Autor lebt in Hamburg und Kalifornien (www.jeeny.de)

Frage: Wie entwickeln Sie aus einem Drehbuch einen Prosatext? *Hoffmann:* Das Buch zum Film ist keineswegs eine Nacherzählung, sondern im Idealfall der Roman, nach dem das Drehbuch hätte geschrieben werden können. Das heißt: Der Roman darf ausführlicher, komplexer sein. Er darf auch unverfilmbare Elemente enthalten. Die meisten Drehbuchautoren können das aber nicht leiden. Deshalb ist es immer eine Balance zwischen Romananspruch und dem Wunsch des Drehbuchautors oder Regisseurs, 1:1 seinen Film wiederzufinden. Ich versuche, auch im Sinne der Leser und Zuschauer, möglichst viel Dialog zu übernehmen, da Dialog die Stärke der meisten Drehbücher ist. Oft ist es allerdings nötig, Szenen umzustellen oder zu bündeln, zum Beispiel bei Schnitt/Gegenschnitt-Collagen von zwei zeitgleich ablaufenden Handlungen. Das Buch zum Film kaufen im Regelfall Leute, die den Film schon gesehen haben. Hauptkriterium ist also: Was will jemand auf literarischer Ebene »wiedererleben«? Wenn er einfach nur den Film noch mal sehen wollte, würde er auf das Video warten.

Frage: Was übernehmen Sie aus dem Drehbuch? *Hoffmann:* Normalerweise 90 Prozent des Dialogs, den groben Ablauf der Story und die besten Beschreibungen. Manche Drehbuchautoren beschreiben sehr literarisch, andere gar nicht. Es kommt also darauf an.

Frage: Was machen Sie neu? *Hoffmann:* Es ist ein Buch, kein Film. Also muss ich versuchen, die Filmelemente (zum Beispiel Suspense durch Musik oder Kameraführung oder Komik durch Slapstick) durch angemessene literarische Elemente zu ersetzen. »Er stand auf dem Stuhl und drohte umzufallen« ist nicht lustig. Notfalls die Szene lieber neu schreiben. Ziel ist, den gleichen Effekt mit den besten Mitteln des Mediums zu erzielen. Am Ende sollte der Leser dieselben Emotionen durchleben können.

Frage: Lässt die Produktionsfirma Ihnen freie Hand oder arbeiten Sie streng nach Vorschrift? *Hoffmann:* Sehr unterschiedlich. Normalerweise gibt es relativ klare Vorgaben, was sehr hilfreich ist. Außerdem kann ich üblicherweise zumindest den Rohschnitt sehen. Der Verlag ist Puffer zwischen Filmfirma und mir und gibt daher auch Infos weiter wie »der Autor ist sehr empfindlich« oder »der Regisseur will vor allem die Übernahme der Dialoge«. Ich bemühe mich am Anfang rauszubekommen, welche Wünsche der Lektor – mein Auftraggeber – an das Werk hat. Dem versuche ich zu entsprechen. Der Roman zum Film ist eine Auftragsarbeit und erst in zweiter Linie Kunst. Im besten Falle gut gelungenes Entertainment. Normalerweise geht dann das Manuskript an den Verlag, wird lektoriert, geht dann an den Drehbuchautor oder Regisseur, der meist ein Vetorecht dem Verlag gegenüber hat (und gern noch mal alles umschreibt), und je nach Zufriedenheit des Verlags und Drehbuchautors sieht man weiter. Manchmal wird dann noch eine Neufassung erstellt, in der alle Änderungswünsche berücksichtigt werden, zum Beispiel seitens des Regisseurs »diese Szene mit mehr Tempo«, »hier schon eine bestimmte Figur im Hintergrund einführen«. Wer welche Wünsche aussprechen darf, hängt vom Erfolg, Ruhm und Temperament des Regisseurs oder Drehbuchautors ab.

Frage: Was muss man können, um Romane nach Drehbuchvorlagen zu schreiben?

Hoffmann: Man sollte gern schreiben, und man sollte uneitel sein. Im Grunde ist es eher eine Übersetzeraufgabe: Man überträgt das Werk eines anderen möglichst genau in ein neues Medium. Wenn ich aus dem Englischen übersetze, sollte das Buch sich am Ende so lesen, wie der Originalautor es in Deutsch geschrieben hätte, nicht wie ich es geschrieben hätte. Bei einem Drehbuch genauso: Der Roman zum Film sollte idealerweise das Buch sein, das der Drehbuchautor verfasst hätte, wenn er gewollt oder Zeit gehabt hätte. Mein Vorteil ist, dass ich auch eigene Bücher schreibe, da kann ich mich austoben und dann hier Arbeitsameise sein. Es ist auch sehr angenehm, wenn jemand anderes sich schon alles ausgedacht hat. Man sollte Filme mögen, man sollte Filme analysieren können und man sollte sein Handwerkszeug Sprache gut genug beherrschen, um feststellen zu können: »Im Film wird es jetzt amüsant, weil dies und das passiert und die Musik so und so klingt, und diesen Effekt kann ich durch folgendes Stilmittel in einem Roman erzielen ...«

Frage: Woher können Sie's?
Hoffmann: Übung macht den Meister.

Ghostwriter

Drei Gründe sprechen dafür, einen Ghostwriter zu engagieren: Erstens, man hat eine gute Idee für ein Buch, kann aber nicht schreiben. Zweitens, man benötigt ein Buch als Marketinginstrument (beispielsweise wenn ein Headhunter über modernes Personalmanagement schreibt). Oder drittens: Eitelkeit. »Das sind die Unternehmer, die gleich ordnerweise Material mitbringen und ihre Memoiren geschrieben haben wollen: Firma nach dem Krieg aus den Trümmern aufgebaut, einzig wahre Geschäftsidee und so weiter«, erzählt Christine Demmer, Autorin und Ghostwriterin. Solche Aufträge lehne sie aber ab. »An so was hat kein Verlag Interesse.«

Demmer ist Journalistin (gelernt bei der *FAZ* und beim *manager magazin)* und veröffentlicht auch unter eigenem Namen Bücher. Ihre Themen: Kulturmanagement, Reengineering, Mitarbeiterführung und Management-Satire. Die Wiesbadenerin hat Volkswirtschaft und Informatik studiert und gibt Seminare »ausschließlich für Companys, ausschließlich für Führungskräfte«.

Für die 15 000 Euro, die so ein geghostetes Manuskript mindestens kostet, sucht Demmer auch einen Verlag und führt die Verhandlungen. Dabei nennt sie ihre Auftraggeber diskret *Verfasser.* Sie selbst schließt einen Beratervertrag ab, der sie ausdrücklich zu Stillschweigen verpflichtet. Lediglich der Verlag weiß Bescheid. »Die freuen sich, weil sie wissen, dass sie von mir druckbare Manuskripte pünktlich und zuverlässig bekommen«, so Demmer.

Demmer recherchiert zunächst, welche Publikationen zum Thema bereits erhältlich sind. »Wenn es in den USA schon 85 Bücher zu einer neuen Managementtheorie gibt, riecht es danach, dass die bald übersetzt werden. Dann kann man sich die Arbeit sparen.« In solchen Fällen schlägt sie vor, statt einer Theorie ein Buch mit Erfolgsbeispielen aus der Praxis zu schreiben.

Wenn sich Verfasser, Beraterin und Verlag auf ein Exposé geeinigt haben, beginnt das Delegieren. »Ein Buch ist eine Schweinearbeit. Um effizient zu arbeiten, muss man parallel produzieren«, so Demmer. Nach dem Motto »Wie frühstücke ich einen Elefanten?« müsse sie das Projekt schlachten.

Wie das funktioniert? Die Ghostwriterin arbeitet mit Ghostwritern. Dazu beruft sie eine 90-minütige Telefonkonferenz mit Autorenkollegen und Journalisten ein und bespricht das Projekt: Wer macht was? Welches Kapitel passt zu wem? »Ein Banker, der sich als Hobbyautor betätigt, kommt an ganz andere Informationen ran als eine Journalistin«, erklärt Demmer das Vorgehen. Die Marschrichtung und vor allem die Übergänge von einem zum nächsten Kapitel werden gemeinsam festgelegt.

Nach zwei bis drei Wochen geben die Ghost-Ghostwriter ihre Texte ab. Dann beginnt Demmer zu redigieren, hart und stark, wie sie selbst sagt. Manchmal schreibt sie eigene Beiträge, manchmal mixt sie Autor eins mit Autor zwei und verquirlt alles zu einem neuen Kapitel. Schließlich muss aus unterschiedlichen Texten am Ende ein Buch werden. Durch die parallele Produktion reduziert Demmer die übliche Manuskripterstellungszeit von sechs Monaten auf sechs Wochen.

Demmer liefert die Kapitel einzeln bei ihrem Kunden ab, getreu dem Grundsatz: Keep your customer involved. Dieser hat einige Tage Zeit, Änderungen einzubringen. »Manager kapieren sofort, dass wir nicht Monate mit so etwas verbringen können. Die ziehen das nicht durch wie einen Selbstfindungsprozess, sondern wie ein Projekt.« Wenn die ganze Prozedur zu lange dauert, verginge ihr selbst die Lust am Thema. Für die Korrektur der Endfassung gäbe es dann noch einmal drei Tage.

Besonders freut sich Demmer über die Erfolge ihrer Verfasser. Einer schaffte es sogar fast, den European Book Award der *Financial Times* zu bekommen. »Der war mordsmäßig stolz, und ich natürlich auch.« Manche Auftraggeber hätten allerdings merkwürdige Vorstellungen von den Aufgaben eines Ghostwriters. »Es gibt Manager, die glauben, man könne ihre Denke nur verstehen, wenn man für ein halbes Jahr nicht von ihrer Seite weicht. Ich weiß nicht, wer so etwas aushalten kann.« Allerdings fügt sie hinzu, dass das Ghostwriting auf jeden Fall eine psychologische Ebene hat. »Die Leute wollen auch gehätschelt werden.« In den USA ist das Gostwriting gang und gäbe. Niemand erwartet, dass Managementgurus oder Gesundheitsapostel ihre Bücher selbst schreiben. Zum Glück. Denn häufig verstehen sich die Experten zwar auf ihr Thema, aber nicht auf die Kunst des Schreibens. Hierzulande dagegen haftet dem Ghostwriting noch immer der Touch des Unseriösen an. »Im Land der Dichter und Denker scheint es ein Skandal zu sein, wenn Führungskräfte leidige Textarbeit schlicht delegieren. Zum Glück ändert sich das. Denn lesen will die selbst geschriebenen Bücher kaum jemand«, so Claudia Cornelsen, Ghostwriterin aus Mannheim. Schließlich würden auch auf dem deutschen Markt immer mehr amerikanische Bücher gekauft.[6]

Wie diskret ist die Arbeit eines Ghostwriters? Ganz unterschiedlich. Manchmal sind die Ghostwriter halb offiziell benannt, zum Beispiel, wenn sich vor dem Inhaltsverzeichnis ein Hinweis findet: »Mit Unterstützung von ...« oder »Nach Aufzeichnungen von ...« In den USA werden Ghostwriter manchmal mit auf dem Cover genannt, zum Beispiel: »written with« ... oder einfach nur »with ...«

Weitere Autorenjobs

Biograf

Biografien von Popstars, Schauspielern, Politikern, Künstlern, Schriftstellern, populären Verbrechern und historischen Figuren zählen zur Rubrik Sachbuch. Ein Beispiel für eine literarische Biografie ist *Das Mädchen im roten Mantel* von Roma Ligocka. Kurzbiografien kommen auch gesammelt heraus, zum Beispiel über erfolgreiche Frauen, innovative Unternehmern oder große Europäer.

Kinderbuchautor

Zeitgemäße, gute Kinderbücher sind immer gefragt. Neben einer lebendigen Fantasie sollte man Einfühlungsvermögen und Fingerspitzengefühl für die Kinderwelt mitbringen, denn Kinder sind kritische und aufmerksame Leser – aber auch dankbare: Denken Sie nur an den Millionenerfolg von Astrid Lindgren oder Joanne Rowling.

Familiensaga-Autor

Auftragsautoren schreiben gegen ein entsprechendes Honorar auch eine Familiensaga nach Erzählungen eines Familienmitglieds. Hier ist Zuhören und Recherchieren in Archiven und bei Ämtern gefragt.

Script-Editor

Für die zahlreichen Fernsehsoaps schreiben viele Story-Liner den Handlungsablauf, der Scrip-Editor koodiniert das Ganze. Die Dialogautoren kümmern sich dann um die entsprechenden Dialoge.

4.

Jobs im Verlag

Von Gottfried Benn ist die Belehrung überliefert, ein Gedicht entstehe nicht, ein Gedicht werde gemacht. Dasselbe gilt für den Rest der Literatur. Sie muss nicht nur geschrieben, sondern auch begutachtet und korrigiert, in ansprechende Form verpackt, hergestellt, promoted und verkauft, kurz: verlegt werden. Das klingt, wie Sie merken, nach Arbeit. Damit der Autor nicht alles allein machen muss, gibt es Institutionen, unter denen sich Normalsterbliche nicht sonderlich viel vorstellen können: die Verlage. Dort, genauer gesagt im Lektorat, werden die Autoren betreut. Das bedeutet, dass sie in allen Phasen der Manuskripterstellung beraten werden, manchmal bereits in der Konzeption, später bei Schreibblockaden und anderen Krisen und schließlich in den verschiedenen Korrekturphasen.

Doch das ist längst nicht alles: Verlage sind Unternehmen wie andere auch. Sie mieten Räume an, bezahlen Versicherungen, investieren in neue Projekte und beschäftigen Mitarbeiter, die nach Marktlücken suchen, Absatzzahlen ermitteln, Marktprognosen zusammenstellen und Lizenzen verkaufen. Außerdem gibt es im Verlag Pressesprecher, Vertriebsmitarbeiter, Geschäftsführer und Marketingmitarbeiter.

Viele Verlage gehören zu den Großen der Branche wie Holtzbrinck, Gruner + Jahr und Bertelsmann. Neben mittelständischen Häusern wie Eichborn und Campus existieren zahlreiche Klein- und Kleinstverlage. Dem Konzentrationsprozess stehen ständige Neugründungen gegenüber, darunter auch immer wieder erfolgreiche wie die des belleville Verlags oder von Schwarzkopf & Schwarzkopf. Ein Stelldichein aller Buchmacher und -macherinnen gibt sich die Branche auf der Herbstmesse in Frankfurt und zur Frühjahrsmesse in Leipzig.

Info-Box

Verschiedene Unis bieten Studiengänge oder Fortbildungen rund ums Büchermachen an (Infos bei den entsprechenden Studienberatungen).

Ein zweisemestriges Fortbildungsprogramm gibt es an der Johann-Wolfgang-Goethe-Universität Frankfurt/Main (Buch- und Medienpraxis):

Institut für deutsche Sprache und Literatur
Gräfstr. 76
60054 Frankfurt/Main
Tel.: (0 69)79 82 36 26
Fax: (0 69)79 82 84 62

Die Ludwig-Maximilians-Universität München bietet den Diplomstudiengang Buchwissenschaft und das zweisemestrige Aufbaustudium Buchwissenschaft an:

Institut für Deutsche Philologie
Ludwig-Maximilians-Universität München
Angela Hausner
Schellingstr. 3/rg, Zi. 419
80799 München
Tel.: (089) 21 80 23 95
Fax: (089) 21 80 38 71
www.buchwissenschaft.uni.muenchen.de

Informationen zum Ausbildungsberuf Verlagskauffrau gibts im Internet unter www.ausbildung-verlag.de.

Wer sich über Fachseminare und Konferenzen der Verlagsbranche informieren will, kann dies auf der Homepage der Akademie des Deutschen Buchhandels tun (www.buchakademie.de) oder auf der Homepage der Schulen des Deutschen Buchhandels (www.buchhandel.de/schulen/).

Praktika, Volontariat, Festausstellungen im Internet unter: www.verlagsjobs.de

Infos und Kontakte:
Börsenverein des Deutschen
Buchhandels
Großer Hirschgraben 17-21
60311 Frankfurt/Main
Tel.: (0 69) 1 30 60
Fax: (0 69) 1 30 62 01
www.boersenverein.de

Leipziger Buchmesse
Messeallee 1
04356 Leipzig
Tel.: (03 41) 6 78 82 40
Fax: (03 41) 6 78 82 42
www.leipziger-messe.de

Buchmesse Frankfurt/Main
Reineckstr. 3
60313 Frankfurt/Main
Tel.: (0 69) 2 10 20
Fax: (0 69) 21 02 27
www.buchmesse.de

Who is Who at the Franfurt Book Fair, München, erscheint jährlich zur Frankfurter Buchmesse (hierin finden sich Adressen und Kurzbeschreibungen der Progamme aller Aussteller der Buchmesse).

Verleger

Viele haben den Traum, irgendwann einmal ein Buch zu schreiben. Oliver Schwarzkopf dagegen lässt lieber schreiben: Er ist schwer damit beschäftigt, anderer Leute Bücher in seinem Verlag Schwarzkopf & Schwarzkopf herauszugeben: Sachbücher und Lexika mit szenigen Themen. Der Laden läuft. Immerhin macht der 10-Leute-Betrieb mit Sitz im Berliner Trendbezirk Prenzlauer Berg einen Nettoumsatz von 1,4 Millionen Euro im Jahr. Tendenz steigend. Und das ist nur ein Grund, warum sich *WirtschaftsWoche*, *Spiegel* und das Unternehmermagazin *Brand Eins* begeistert auf den massig gebauten Verleger und Geschäftsführer stürzen.

Denn Schwarzkopf redet nicht nur, er hat auch etwas zu sagen. Er selbst nennt sich einen Themenjunkie mit Mut zur Nische. Am Verlagsprogramm wird deutlich: »Ich arbeite nicht gegen die Großverlage. Ich gebe nur die Bücher heraus, die andere niemals bringen würden.« Über 200 lieferbare Titel hat er derzeit im Programm.

Rund 60 neue kommen jährlich dazu. Die Auflagen sind nicht besonders hoch, durchschnittlich um die 3 000 Exemplare. Bei Bedarf wird nachgedruckt. Bekannt gemacht hat er sich durch ausgeklügelte Pressearbeit: Drei von den zehn Mitarbeitern sind ausschließlich für die Kommunikation nach außen zuständig. Beste Beziehungen pflegt Schwarzkopf auch zu anderen Verlegern: Mit Gert Haffmans und Klaus Wagenbach verbindet ihn eine tiefe Freundschaft. Als Kleinverleger steht Schwarzkopf noch für do it yourself. Während seine Kollegen in den großen Verlagen vor allem mit Unternehmensführung und -strategie beschäftigt sind, ist er noch hautnah dran an allen Dingen, die im Verlag laufen, ob Lektorat, Pressearbeit oder Herstellung.

Dass die Mauer in den Köpfen vieler Buchhändler immer noch steht, hat Schwarzkopf – selbst Ossi – zur Kenntnis genommen. Deshalb ist das Verlagsprogramm noch streng nach Ost und West unterteilt. »Das ist leider notwendig. Viele Buchhändler im Osten würden beleidigt sein, wenn in einem Gesamtkatalog zuerst die Westthemen kämen. Und andersherum genauso«, sagt Schwarzkopf schulterzuckend. So bietet der auf Ostthemen spezialisierte Katalog *DDR und neue Länder* Bücher und VHS-Kassetten von der Olsen-Bande feil. Genauso wie Gregor Gysis *Freche Sprüche* oder ein Buch über Ostbands.

Für Wessis gibt's was zum Thema *Raumpatrouille Orion* und die kompletten *Spiegel*-Titelbilder seit 1947. Mit der Band Ton Steine Scherben lässt es sich bestens in Achtziger-Jahre-Nostalgie schwelgen, und wer es genau wissen will, kann in den Lexika des an Schwarzkopf & Schwarzkopf angeschlossenen Lexikon Imprint Verlags alles nachschlagen: Woody Allan, Gothics, Tatoos, deutsche Soaps bis hin zu Blondinen und prominenten Selbstmördern sind dort vertreten. Auch wenn das Sortiment einen Blick auf Vergangenes bietet, hält Schwarzkopf nichts von Ostalgie: »Für mich war die Wende die Rettung, die größte Chance meines Lebens.«

Sein Studium der Theaterwissenschaften in Leipzig betrieb Oliver Schwarzkopf nur als Notlösung. Schnell wurde klar, dass er nicht an einem kleinen Theater in der Provinz versauern wollte. Zur Wende schmiss er das Studium und gründete in Leipzig das Stadtmagazin *Leo*. Doch Schwarzkopf wollte noch weiter und stellte 1994 seinen eigenen Buchverlag auf die Beine. Das Startkapital von 25 000 Euro hatte er sich von seinem Bruder, einem Ingenieur in Tokio, geliehen. Schwarzkopf fing mit Krimis an. Doch dann kam ihm die Idee, Sachbücher herauszugeben »mit allem, was man sich in Deutschland an Gegenwartsthemen vorstellen kann: Werbung, Film, Mode, Szene, und natürlich Nischenthemen. Aber niemals Eigenurintherapie oder US-Belletristik.«

In dem von halb hohen Kiefernholz-Regalen quadratisch unterteilten Großraumbüro arbeiten emsig zehn Mitarbeiter. Der Chef sitzt in der hintersten Ecke, inmitten von mehreren Computern und Papierstapeln. Die Regeln sind strikt: Arbeitsbeginn ist morgens um acht, »damit wir schneller sind. Wenn Verlage und Zeitungen anrufen, haben wir unsere Arbeit zum größten Teil schon gemacht.« Er selbst kommt morgens um sechs und geht abends um sechs. Schließlich gibt es auch für Verleger ein Leben nach der Arbeit.

Info-Box

Frank Schwoerer, *Die Bücherberge, die ich angerichtet habe. Erinnerungen eines Verlegers*, Frankfurt/New York 1998
Siegfried Unseld, *Peter Suhrkamp. Zur Biographie eines Verlegers in Daten, Dokumenten und Bildern*, Frankfurt/Main 1991

Lektor

Viele glauben, Lektor sei ein wunderbar ruhiger Job: Man sitzt den ganzen Tag in einem kleinen Büro, ist umgeben von Büchern und Papierbergen und vertieft in ein spannendes Manuskript.

»Weit gefehlt«, kommentiert Ulrike Ostermeyer, Lektorin und Assistentin der Verlagsleitung bei dtv. »Eigentlich klingelt den ganzen Tag das Telefon. Ich rede mit Autoren, tausche mich aus über neue Buchideen, Titel und Reihen und natürlich über Klatsch und Tratsch der Branche.«

Die wichtigste Aufgabe einer Lektorin ist das Aufspüren neuer Themen. Weitsicht ist dabei gefragt, denn schließlich dauert es von der Idee bis zum fertigen Buch mindestens acht Monate, manchmal auch zwei Jahre. Wichtig ist also ein gutes Gespür für Trends bei gesellschaftlichen Entwicklungen und für die Leserwünsche von morgen. Ist das Thema gefunden, beginnt die Suche nach dem Autor. Der will ersteinmal überzeugt werden. »Denn ein richtig gutes Buch entsteht nur, wenn der Autor sich für das Thema begeistern kann.« Natürlich gehen Lektoren auch den anderen Weg: Sie entdecken gute Autoren, Menschen, die schreiben können und etwas zu sagen haben. Gemeinsam entwickeln sie dann Ideen für ein neues Buch.

Rund 80 Prozent der Unterhaltungsliteratur werden hierzulande übersetzt: aus dem Englischen und Amerikanischen, aber auch aus skandinavischen Ländern.[7] Das bedeutet: die Lektoren suchen in den Programmen der ausländischen Verlage nach neuen, vielversprechenden Titeln. Auch das hat mit Kommunikation und Kontaktpflege zu tun. »Die Kollegen in den lizenzgebenden Verlagen müssen ein Gefühl dafür haben, welche Bücher zu unserem Programm passen. Dann können sie auch schon mal einen Tipp geben, welcher Autor für uns interessant ist«, so Ostermeyer.

Bundesweit arbeiten rund 3 000 Lektoren: Sie wählen neue Titel aus, schlagen sie der Programmleitung vor und führen Verhandlungen mit Autoren, Agenten und Verlagen. Bei bestsellerverdächtigen Titeln wie Nicholas Evans *Pferdeflüsterer* können sich Verhandlungen, welcher Verlag zu welchen Konditionen den Zuschlag erhält, über Wochen hinziehen.

Der Lektor sucht einen passenden Übersetzer und legt mit ihm oder ihr fest, wie die deutsche Fassung aussehen soll: Sprachniveau, Stil, Umgang mit schwierigen Stellen wie Wortspiele, umgangssprachliche Ausdrücke, Idiome oder Anspielungen.

Liegt die Übersetzung vor, beginnt das eigentliche Lektorieren. Hat der Übersetzer den Stil getroffen? Sind Fachtermini richtig und einheitlich übersetzt? Werden fremdsprachliche Konstruktionen falsch »nachgebaut«? »On his arm« beispielsweise wird nicht mit »auf seinem Arm«, sondern mit »auf dem Arm« übersetzt. »He began to walk« heißt auf Deutsch nicht »er begann zu gehen«, sondern schlicht »er ging«. Zusätzlich werden Orthographie und Interpunktion vom Lektor, dessen Assistenten oder von freien Mitarbeitern geprüft und korrigiert (neue Rechtschreibung!).

Dann wird das Buch verlagsintern präsentiert: Lektorat, Marketing und Presseabteilung legen Titel, Preis und Verkaufsstrategie fest. Hier wird häufig mit vorläufigen Fassungen gearbeitet, denn die Verlagskonferenz für das Frühjahrsprogramm kann bereits im Spätsommer davor stattfinden.

Einige Wochen später lädt der Verlag die Vertreter ein, um das neue Programm vorzustellen. Hier wird nochmals über Titel, Ausstattung, Preise, Covergestaltung und Präsentationsmöglichkeiten im Handel diskutiert. Die Konferenz gilt als Nagelprobe für den Lektor. »Wenn die Vertreter meine Titel nicht mögen, habe ich ein Problem«, kommentiert Ostermeyer. Schließlich können die Vertreter das Buch im Handel besonders empfehlen – oder eben nicht.

Später werden die neuen Titel auf der Buchmesse präsentiert, Pressetermine und Partys mit eingeschlossen. »Der Verlagslektor ist eben nicht der einsame Intellektuelle, sondern ein Produktmanager in Sachen Buch«, so Ostermeyer. Um neue Manuskripte durchzusehen, bleibe ihr dagegen oft nur der Feierabend. »Da kann ich dann endlich mal davon träumen, den Bestseller des nächsten Jahres entdeckt zu haben.«

Info-Box

Gill Davies, *Beruf Lektor*, Friedrichsdorf, 1995

Lehrbuchredakteur

Also lautet ein Beschluss, dass der Mensch was lernen muss. Doch nicht allein das ABC bringt den Menschen in die Höh': Rechtschreibung und Grammatik, Fremdsprachen, Mathematik und Naturwissenschaften stehen auf den Lehrplänen der Schulen. Nach der Schulzeit lernen viele weiter an Akademien, Volkshochschulen oder Universitäten. Und dafür benötigt man neben einem Lehrer auch Unterrichtsmaterial – sprich: Lehrbücher. Diese zusammenzustellen ist ein kompliziertes Geschäft. »Immer wenn man nicht im Verlag ist, geht irgendetwas schief«, so Blanca-Maria Rudharts erste Charakterisierung ihres Jobs. Sie ist Redakteurin bei Cornelsen & Oxford und heißt dort seit ihrem ersten Tag schlicht BMR. Hier werden unter anderem Lehrbücher für Erwachsenenbildung, besonders für den Hochschulmarkt und die Volkshochschulen, herausgegeben. Unter den von ihr betreuten Titeln sind *Take Off, New Start, Essential English* und in der Serie *studium kompakt* die Reihen Anglistik/Amerikanistik und *Fachsprache Englisch*.

BMR entwickelt Ideen und Konzepte für neue Bücher und neue Reihen und prüft von Autoren eingeschickte Konzepte und Manuskripte. Dazu betreibt die promovierte Anglistin konstant Marktforschung, trifft Leute aus der Praxis, um über deren Wünsche und Bedürfnisse Bescheid zu wissen. »Die Dozenten und Professoren geben mir Informationen, damit ich die richtigen Bücher machen kann und die später gutes Unterrichtsmaterial haben. Das ist ein ständiges give and take.«

Viele Ideen enstehen zusammen mit Autoren und Autorinnen. So auch die für eine neue Grammatik für Erwachsene: »Wir wollten nicht zum hundertsten Mal alle Regeln der englischen Sprache erklären und fragten uns daher: ›Wie lernen Erwachsene?‹ und ›Was bereitet Erwachsenen Schwierigkeiten?‹« Erwachsene lernten zielgerichteter als Jugendliche und müssten mehr in die Erarbeitung der Regeln und in den Erkenntnisprozess mit einbezogen werden, so BMR.

Die Grundidee für die neue Grammatik war das so genannte Guided Learning: In Testaufgaben erarbeitet der Leser ein Ergebnis, aus dem er selbst eine Regel formuliert. Mit deren Hilfe kann er dann weitere Aufgaben lösen und die Regel verifizieren und festigen. »Um so etwas zu entwickeln, muss man stets im Blick haben, was die typischen Schwierigkeiten von deutschsprachigen Leuten beim Englischlernen sind«, erklärt BMR. In normalen Grammatiken würde man oft von der Fülle des Materials inklusive sämtlicher Ausnahmen erschlagen.

Ist die Idee geboren, wird sie der Verlagsleitung präsentiert. Es wird kalkuliert und besprochen, ob das Buch absetzbar und finanzierbar ist. »Man kann ja die schönsten Bücher machen, das nutzt alles nichts, wenn sie sich nicht verkaufen. Das Marketing ist der Prüfstein, an dem das Projekt bestehen muss.« Aufgabe des Redakteurs oder Lektors sei es, Marketing und Herstellung ständig mit Ideen zu versorgen.

Dann beginnt die Suche nach Autoren: »Gute Autoren sind sehr, sehr rar. Ich werde zwar dauernd von Leuten angesprochen, aber wenn es ans Schreiben geht, springen viele wieder ab«, erklärt sie. Erst wenn ein Konzept inklusive Leseprobe vorliegt – das häufig noch einmal mit weiteren Experten besprochen und anschließend verbessert wird –, können die Vertragsverhandlungen beginnen.

Der Job einer Redakteurin gleicht dem einer Hebamme. »Oder dem einer Polizistin. Die eine setzt die Regeln der Straßenverkehrsordnung durch und die andere die Regeln des Büchermachens«, so BMR. Sie überwacht den Prozess des Schreibens, greift ein, wenn etwas schief läuft, und unterstützt den Autor bei Schwierigkeiten. Bei Schreibhemmungen beispielsweise fährt Rudhart persönlich zu den Autoren, um im Gespräch eine Lösung zu finden. Einmal ist sie mit drei Autoren und ihren Familien auf Verlagskosten ans Meer gefahren, um ein Lehrwerk zu Ende zu bringen.

Bei der Arbeit am Text überprüfen die Redakteure die Richtigkeit und Stimmigkeit der Aussagen sowie Stil und Schreibe des Autors. Verbesserungen schläg BMR vor, umsetzen müssen sie die Autoren selbst. Dabei bewegen sich ihre Vorschläge im Bereich von »minimal bis fundamental«. Fachliche Kompetenz, Überzeugungskraft und Stärke, aber auch diplomatisches Geschick gehören dazu, um produktiv mit den Autoren zusammenzuarbeiten. Schließlich sind Autoren empfindliche Wesen und müssen gepflegt und gut behandelt werden. »Und die meisten verdienen das auch«, so BMR. Daher benötige der Redakteur, die Redakteurin außerdem Charme, menschliche Wärme, Gewandtheit im Umgang mit anderen und die Fähigkeit, Wertschätzung zum Ausdruck zu bringen und mitzudenken. »Wenn ich irgendwo eine Information oder einen interessanten Artikel finde, schicke ich ihn sofort mit herzlichen Grüßen an den Autor.«

Was benötigt eine gute Redakteurin noch? Menschenkenntnis, Erfahrung und eine sehr gute Allgemeinbildung: »Man muss alles, was die Autoren schreiben, nachprüfen können, auch wenn es sich um irgendeine altenglische Lautverschiebung handelt«, betont Rudhart, die auch Betriebsrat bei Cornelsen & Oxford ist. Und sie ergänzt: Gelassenheit, Humor, Freude am Büchermachen und Interesse an Menschen und am Produkt.

Das Schönste an ihrem Job sei, ein Buch von Anfang bis Ende zu betreuen. Allerdings: Wenn der neue Titel auf der Messe vorgestellt wird, sitzt die Redakteurin schon längst am nächsten Programm. Nach dem Buch ist vor dem Buch.

Info-Box

Zu den bekanntesten Lehrbuchverlagen gehören beispielsweise:

Cornelsen & Oxford
Johannisbergerstr. 74
14197 Berlin
Tel.: (0 30) 8 27 93 60
Fax: (0 30) 82 79 36 36
www.cornelsen.de

Max Hueber Verlag
Max-Hueber-Str. 4
85737 Ismaning
Tel.: (0 89) 9 60 20
Fax: (0 89) 9 60 23 58
www.hueber.de

Verlag Moritz Diesterweg
Wächtersbacher Str. 89
60351 Frankfurt/Main
Tel.: (0 69) 42 08 10
Fax: (0 69) 42 08 12 00
www.diesterweg.de

Langenscheidt Verlag
Neusser Str. 3
80807 München
Tel.: (0 89) 36 09 60
Fax: (0 89) 3 60 96 58
www.langenscheidt.de

Kochbuchredakteur

Kochbücher sind nicht einfach nur Rezepte in Buchform. Mehrere tausend Titel aus der Welt der selbst zubereiteten kulinarischen Genüsse dienen als Geschenk, Urlaubserinnerung oder Küchenschmuck. Doch obwohl der Markt in den vergangenen Jahren laut Falken auf hohem Niveau stagniert, wird in den Redaktionen ständig an innovativen Konzepten gebastelt. Zielgruppenorientierung heißt das Stichwort. »Wir entwickeln ganz gezielt Kochbücher, beispielsweise mit unserem *Herzblatt-Kochbuch*, um bisherige Kochmuffel an die Töpfe zu locken«, erklärt Birgit Wenderoth, Redaktionsleiterin Kochen bei Falken.

Die Recherche für neue Themen und Konzepte ist Teil der redaktionellen Arbeit der Verlage, ebenso wie die Koordination zwischen internen und externen Mitarbeitern: Die Suche nach dem passenden Autor und den Fotografen, Festlegung des Layouts, Betreuung des Fotoshootings und auch das Werben für den Titel bei den Vertriebsmitarbeitern im Verlag und den Verlagsvertretern.

Die meisten Kochbücher sind aufwändig gestaltet. »Da muss man schon ein gutes Gefühl für die Optik haben«, so Wenderoth. Schließlich würden über schöne Fotos Emotionen geweckt. »Und das ist heutzutage besonders wichtig für den Verkauf eines Kochbuchs.«

Die Diplom-Ernährungswissenschaftlerin hält neben der ausgeprägten Leidenschaft fürs Kochen sprachliche Begabung, Organisationstalent und eine hohe Belastbarkeit für die wesentlichen Voraussetzungen für diesen Job. »Der Redakteur ist praktisch das Kugelgelenk bei einem Kochbuch. Er ist dafür verantwortlich, dass sein Projekt rund läuft, vom Konzept, über die Rezeptauswahl bis hin zum Druckauftrag. Langeweile kommt da so schnell nicht auf.«

Sabine Saelzer, Redaktionsleiterin bei Gräfe und Unzer, beantwortet die Frage nach den schönsten Seiten ihrer Tätigkeit folgendermaßen: »Durch die Internationalisierung der einzelnen Küchen entstehen neue Rezeptideen und Kreationen. Das inspiriert mich als Redakteurin eigentlich ständig. Und unsere Leser sind ebenfalls experimentierfreudiger als früher, das heißt, sie suchen nach kreativen Rezeptvorschlägen.« Eine echte Herausforderung, findet die Münchnerin.

Aus welchem Projekt dann tatsächlich ein neues Kochbuch wird, entscheidet die Redaktionskonferenz. »Wenn man hinter einer Idee hundertprozentig steht und das von der Verlagsleitung akzeptiert wird und ich das fertige Buch später in der Hand halte, das ist schon ein tolles Gefühl«, schwärmt Wenderoth. Kochbuchredakteur zu sein ist für sie eher eine Lebensphilosophie und nicht nur irgendeine Art, sein Geld zu verdienen.

Üblicherweise werden die Redaktionen der Kochbuchverlage von Ernährungswissenschaftlern geleitet, um die professionelle Betreuung von Spezialbüchern zum Beispiel für Diabetiker zu gewährleisten. Unter den Kochbuchredakteuren findet man jedoch auch häufig Germanisten oder Journalisten aus dem Foodbereich (zum Beispiel von Magazinen wie *Essen & Trinken*).

Info-Box

Diese Verlage haben eine eigene Kochbuchredaktion:

Compact Verlag
Züricher Str. 29
81476 München
Tel.: (089) 7 45 16 10
Fax: (089) 75 60 95
www.compactverlag.de

COMPANIONS
Rödingsmarkt 9
20459 Hamburg
Tel.: (040) 30 60 46 00
Fax: (040) 3 06 04 46 90
www.companions.de

Falken Verlag
Schöne Aussicht 21
65521 Niedernhausen
Tel.: (0 61 27) 70 20
Fax: (0 61 27) 70 21 33
www.falken.de

Gräfe und Unzer
Grillparzerstr. 12
81675 München
Tel.: (0 89) 41 98 10
Fax: (0 89) 41 98 11 13
www.graefe-und-unzer.de

Midena Verlag
Hilble Str. 54
80636 München
Tel.: (089) 7 00 42 82
Fax: (089) 7 00 42 79

Pressesprecher

Wie ist der Zusammenhang zwischen dem Erfolg eines Buches und der Aufmerksamkeit, die ihm die Medien schenken? Sicher nicht so eindeutig, wie es auf den ersten Blick scheint. Es gibt Bücher, die haben eine Seite im *Spiegel* und verkaufen sich trotzdem kaum, und es gibt welche, die entwickeln sich jenseits der Presse zu einem Bestseller. Luise Endlichs *Neuland* oder Bernhard Schlinks *Der Vorleser* brachten es auch ohne Medientrubel zu hohen Verkaufszahlen.

Trotzdem sind die Medien der Ort, an dem viele Leser zum ersten Mal von einem Buch erfahren. Dabei widmen viele Redaktionen vor allem den Romanen besondere Aufmerksamkeit. Schließlich gehört die E-Literatur zur Kultur, für die die Zeitungen und Zeitschriften das Feuilleton bereitstellen. Außerdem können Romane im Gegensatz zu Sachbüchern verfilmt oder mit Preisen ausgezeichnet werden. Beides bietet einen guten Anlass für die Berichterstattung.

Wie also kommt ein Buch in die Presse? Da Zeitungsredakteure nicht alle Neuerscheinungen lesen können, sind sie auf Informationen der Verlage angewiesen. Hier beginnt die Arbeit der Pressesprecher. Sie halten Kontakt zu den Medien, schreiben Pressemitteilungen, telefonieren, versenden Rezensionsexemplare und versuchen die Redakteure davon zu überzeugen, dass eine Besprechung für den Zeitungsleser interessant ist.

Bestseller werden oft über Personen geschaffen: ein Professor, der einen Unikrimi schreibt, ein halbseitig gelähmter Youngster, der über die Befindlichkeit in der Pubertät berichtet, eine Frau, die mit einem afrikanischen Massai verheiratet war. »Autoren verschwinden heute nicht mehr hinter ihren Texten, sondern stehen im Zentrum der Aufmerksamkeit«, erklärt Margit Schönberger, Leiterin der Presse- und Öffentlichkeitsarbeit bei Bertelsmann.

Wenn Gesichter Bestseller machen können, müssen Pressesprecher Wege finden, wie sie der Öffentlichkeit einen Autor, eine Autorin verkaufen können. Als sensibles junges Mädchen oder als emanzipierte Erfolgsfrau? Als neuer Macho oder als Mann in der Krise? »Natürlich sind das Klischees, aber die Öffentlichkeit will wissen, wo sie einen Autor einzuordnen hat«, erklärt Schönberger. Mit mehr als 30 Berufsjahren gehört sie zu den alten Hasen im Geschäft. Die gelernte Buchhändlerin hat unzählige Autoren betreut, darunter auch Showgrößen wie Curd Jürgens und Hildegard Knef und den Boxer Muhammad Ali.

Damit die Pressesprecher der Verlage wissen, wovon sie reden, lassen sie sich die einzelnen Titel des neuen Programms zunächst von den Lektoren erklären: Wer ist die Zielgruppe? Wodurch zeichnet sich das Werk aus? Was könnten Gründe sein, das Buch in einer Zeitschrift zu präsentieren? Zum Beispiel »Das erste Buch über ...«, »Das Buch zum Film« oder »Ein Bestseller in den USA«. »Natürlich wird da auch viel Müll ersonnen à la ›eine schonungslose Abrechnung‹ oder ›die literarische Überraschung des Jahres‹«, sagt Gertrud Warnecke, die als Presse- und PR-Frau für verschiedene Verlage (darunter VPM und Peter Erd) arbeitet.

Pressearbeit ist Teamwork zwischen Buchautor und Pressesprecher. Schließlich reicht es nicht aus, ein Nachwuchstalent anzupreisen. »Wenn ich einer Talkshowredaktion erkläre, dass meine Krimiautorin eine hoch interessante Gestalt ist, die viel zum Thema Verbrechen zu sagen hat, dann muss die Autorin das auch erfüllen«, so Warnecke. Ihr Rezept: den Autor, die Autorin über ein Thema ins Fernsehen bringen. »Den Konsalik zum Beispiel habe ich gefragt, was die Journalisten möglicherweise noch nicht von ihm wissen. Dann kam raus, dass er eine chinesische Freundin hat, und das war natürlich ein gefundenes Fressen.«

Neben den Showelementen bemühen sich Presseleute um Rezensionen, vorzugsweise in überregionalen Zeitungen wie der *FAZ* oder der *Süddeutschen*. Im besten Fall sind die Elemente einer Kampagne aufeinander abgestimmt. Wenn beispielsweise das Buch in einer bedeutenden Tageszeitung rezensiert wird und der Autor kurz danach im Fernsehen auftaucht, »dann haben viele den Eindruck, das Buch müsse man einfach gelesen haben«, so Warnecke.

Pressesprecher organisieren außerdem Lesungen und Promotiontouren, Pressekonferenzen und -gespräche sowie Buchpremieren- und Verlagspartys, häufig im Rahmen einer Buchmesse. Dazu gehört eine Mischung aus Organisationstalent, Kommunikationsfähigkeit, Buchliebhaberei, genaue Kenntnis der Medienlandschaft, ein guter Ausdruck in Sprache und Schrift und immer wieder neue Ideen für die Vermarktung des Buchs. »Man muss fernsehen, Zeitung lesen, sich stundenlang ins Café setzen, um herauszufinden, was die Leute bewegt: Sonnenfinsternis, Milleniumswechsel, Aktien, eine neue Fernsehserie, ein Verbrecher«, erklärt Schönberger von Bertelsmann.

Und man muss weiter denken: Für welche Themen werden sich Öffentlichkeit und Medien in Zukunft interessieren? Schließlich dauert es in der Regel mindestens einige Monate von der ersten Idee bis zum fertigen Buch. Meistens sogar länger. Trendthemen wie Zlatko von Big Brother, Mohrhühner oder der Elchtest müssen frühzeitig aufgespürt werden.

Info-Box

Ausbildungen und Fortbildungen bieten:

Gesellschaft der Public
Relations-Agenturen
Schillerstr. 4
60313 Frankfurt/Main
Tel.: (0 69) 2 06 28
Fax: (0 69) 2 07 00
www.gpra.de

Deutsches Institut für Public
Relations
Postfach 10 16 28
41548 Kaarst
Tel.: (0 21 31) 76 89 70
Fax: (0 21 31) 76 89 71
dipr@junkers.d.eunet.de

Deutsche Public Relations-
Gesellschaft
St. Augustiner Str. 21
53225 Bonn
Tel.: (02 28) 9 73 92 87
Fax: (02 28) 9 73 92 89
www.dprg.de

Mitte der 90er Jahre wurde der Arbeitskreis Verlags-Pressesprecherinnen und Pressesprecher (neu) gegründet. Er ist eine eigenständige Interessenvertretung der Berufsgruppe. Kontakt: www.avp-rhein-main.de

Vertrieb und Werbung

Verkauf ist erst einmal Verkauf. Auch wenn in der Buchbranche manches anders läuft: Autoren führen niedrigere Mehrwertsteuersätze ab (7 Prozent statt 16), das Porto für Bücher ist rabattiert und die Buchpreisbindung sorgt für einheitliche Preise. Das bedeutet: Ein Buch kostet immer dasselbe, egal, ob man im Kaufhaus, im Internet, in einer Kette oder beim Tante-Emma-Buchladen um die Ecke einkauft.

Trotzdem ist ein Verlag ein Wirtschaftsunternehmen. »Man versucht, mit entsprechendem Marketing den Kunden – also die Buchhändler – von der Ware zu überzeugen«, erklärt Mario Zieroth, Vertriebsleiter beim Berliner Bruno-Gmünder-Verlag. Er selbst ist nach einer kaufmännischen Ausbildung im Textilbereich Quereinsteiger. Die Unterschiede zu anderen Märkten hat er sich im Lauf der Zeit selbst angeeignet.

Der Vertrieb ist die Koordinationsstelle zwischen Verlag und Buchhandel. Hier wird ein Netz von Vertretern aufgebaut, die zu den Buchhandlungen fahren und die Neuerscheinungen präsentieren. Zuvor müssen die Vertreter mit Informationen versorgt werden: Statistiken, Umsatzzahlen, Hintergrundinformationen. Wann erscheint welcher Titel? Wer ist der Autor? Wer die Zielgruppe? Wie wurde das Buch in anderen Ländern aufgenommen? Was plant die Presseabteilung? Dem Vertrieb ist in vielen Verlagen die Werbeabteilung zugeordnet. Diese schaltet im *Börsenblatt für den Deutschen Buchhandel* oder in Publikumszeitschriften Anzeigen für vielversprechende Bücher (was allerdings, wie viele meinen, eher der Autorenpflege als der Verkaufsförderung dient). Weitere Marketinginstrumente sind Plakate, Flyer, Lesungen und Promotionaktionen. Über 250 Millionen Euro gibt die Buchbranche jährlich für Werbung aus.[8]

Die Arbeit des Vertriebsleiters beginnt lange vor der Auslieferung der neuen Titel. Er oder sie muss planen, wie das Buch in die verschiedenen Vertriebswege kommt. Dazu gehört auch der Kontakt zu Großkunden wie Hugendubel oder Kiepert. Hier werden Verhandlungen über Konditionen und Rabatte bei Großabnahmen geführt und über Werbekostenzuschüsse verhandelt.

Zum Vertriebsnetz eines Verlags gehören Buchhandlungen,

Bahnhofsbuchhandlungen, Kioske, aber auch Tankstellen, Möbelmärkte und andere Geschäfte. Etwa 40 Prozent der Bücher gehen mittlerweile außerhalb des klassischen Buchhandels über den Ladentisch. »Wir verkaufen zum Beispiel erotische Literatur über Sexshops. Berührungsängste darf man da nicht haben«, so Zieroth.

Je nach Titel kommen auch große Unternehmen als Abnehmer infrage, die beispielsweise ihren Mitarbeitern ein Buch über Selbstmotivation zu Weihnachten schenken. Oder ein Zeitungsverlag, der für seine Anzeigenkunden die Sonderausgabe eines Bildbands plant. »Ich muss mir immer wieder überlegen, wie ich unsere Bücher unter die Leute bringe. Das ist je nach Titel unterschiedlich, Routine kommt da so schnell nicht auf«, so Zieroth.

Fakturierung, Abrechnung und Versand von Bestellungen wird bei den meisten Verlagen über externe Auslieferungsbetriebe abgewickelt und von der Vertriebsabteilung koordiniert und überwacht. Trotz aller kaufmännischen Aktivitäten sieht Zieroth seine Hauptaufgabe in der Lektüre. »Ich bin der Erste im Verlag, der das ganze Programm gelesen hat.« Für ihn ist das die wichtigste Voraussetzung, um die Bücher gut verkaufen zu können.

Info-Box

Seminare und Fortbildungen bieten:

Die Schulen des Deutschen Buchhandels	Akademie des Deutschen Buchhandels
Wilhelmshöher Str. 283	Salvatorplatz 1
60389 Frankfurt/Main	80333 München
Tel.: (069) 947400 22	Tel.: (089) 2919530
Fax: (069) 947400 50	Fax: (089) 2919 5369
www.buchhandel.de/schulen	www.buchakademie.de
Buchhaendlerschule@bhv.de	info@buchakademie.de

Schulungen im Bereich Vertrieb gibt es auch über die Landesverbände des Deutschen Buchhandels (www.buchhandel.de/landesverbaende).
   Aus- und Weiterbildungen und Praktika bieten die Unternehmen der Klett-Gruppe. Info: www.klett.de (mit internem Stellenmarkt)

Lizenzen/Rechte

Bücher zu publizieren und erfolgreich zu verkaufen ist eine Seite der Verlagswesens. Doch es ist nicht damit getan, ein Buch möglichst zahlreich in die Regale des Handels zu bringen. Denn üblicherweise erwirbt der Originalverlag neben den reinen Publikationsrechten einige zusätzliche Nutzungsrechte am Manuskript. Die Mitarbeiter der verlagsinternen Lizenzabteilung sind dafür zuständig, diese Rechte so weit wie möglich auszuschöpfen. Da wird zum Beispiel über die Verfilmung für Fernsehen und Kino verhandelt oder darüber, ob ein Buch als Hörspiel oder Hörbuch auf den Markt kommt. »Und wenn man dann den neuen Christine Grän *Die Hochstaplerin* an Helmut Dietl verkauft hat, dann kann man sich gleich auf eine schöne Verfilmung freuen«, erklärt Angelika Strauss-Fischer von Bertelsmann. Außerdem überprüft die Lizenzabteilung, ob ein neues Buch für den Vertrieb durch einen Buchclub oder als Digest-Fassung in Deutschland geeignet ist. Das bedeutet: Es wird verhandelt, ob, in welcher Form, wann und zu welchen Konditionen ein Titel noch einmal erscheinen darf.

Bei Verfilmungen ist viel Geld im Spiel, und so können die Verhandlungen über die Rechte langwierig und so komplex sein, dass spezialisierte Rechtsanwälte hinzugezogen werden müssen. Denn verfilmbare und erfolgversprechende Manuskripte sind Mangelware. »Obwohl in Deutschland nicht so schwindelerregende Beträge für die Verfilmungsrechte bezahlt werden wie in den USA, rennen uns auch hier die Produzenten auf der Suche nach guten Stoffen regelrecht die Bude ein«, so Strauss-Fischer.

Ein juristisches Studium ist keine Voraussetzung für das Lizenzgeschäft, wohl aber ein gutes Gespür für rechtliche Zusammenhänge. Kenntnisse in mindestens einer Fremdsprache, Diplomatie und Verhandlungsgeschick sind ebenfalls für die Abwicklung der Auslandsverkäufe notwendig. »Man hat tagtäglich mit internationalen Kollegen zu tun. Hauptsächlich verkaufen wir unsere Titel nach Frankreich, Spanien, in die Niederlande und nach Polen. Aber wir führen auch Verhandlungen mit japanischen und koreanischen Verlagen«, fügt Strauss-Fischer – selbst Absolventin eines

Sprachstudiums – hinzu. Daher gehöre zum Lizenzgeschäft auch Verständnis und Interesse für andere Kulturen, denn Verhandlungen verlaufen nicht überall gleich.

Weitere Jobs im Verlag

Hersteller

Hersteller sind für die Logistik zuständig: Sie überwachen die einzelnen technischen Schritte der Herstellung vom Papiereinkauf bis zur Versendung mit Paketdiensten an den Buchhandel (siehe Kapitel »Bücher drucken und verkaufen«).

Gestalter

Gestalter kümmern sich um die Cover der Bücher, oft in Zusammenarbeit mit externen Grafikern. Sie entwerfen auch Poster für Lesungen, Aufsteller für den Buchhandel und andere Marketingartikel.

Mitarbeiter im Non-Books-Bereich

Verlage machen nicht nur Bücher, sondern auch Zusatzprodukte mit Motiven aus erfolgreichen Titeln: Postkarten, Tassen, Socken, Aufkleber oder Puppen.

Webdesigner

Erfolgreiche Bücher bekommen von den Verlagen eine eigene Homepage, zum Beispiel www.zamonien.de oder www.harrypotter.de. Diese werden von Bücherwürmern mit guten Computerkenntnissen und Webdesign-Erfahrungen erstellt und ansprechend gestaltet.

5.

Um die Verlage und um die Autoren herum

Bücher zu schreiben ist eine ziemlich einsame Tätigkeit – könnte man meinen. Doch für die meisten Autoren trifft das nur bedingt zu. Schließlich haben die Götter auch vor den Erfolg eines Bücherwurms den Schweiß gesetzt. Und so müssen Romanautoren ihre Schauplätze und Milieus recherchieren, Kinderbuchautoren müssen in Kindergärten und auf Spielplätzen die Ohren spitzen, und auch die Verfasser von Reiseführern haben kaum eine Chance, allein im abgeschlossenen Kämmerlein zu wirken.

Für weiteren Kontakt zur Außenwelt sorgen die Lektoren. Sie entwickeln gemeinsam mit dem Autor Ideen, arbeiten an fertigen und halb-fertigen Texten und schleusen die Schreiber und Schreiberinnen durch den Produktionsprozess. Später, wenn die Bücher auf dem Markt sind, sprechen die Presse-, Marketing- und Vertriebsleute aus dem Verlag mit den Autoren. Journalisten führen Interviews, Buchhandlungen fragen wegen Lesungen an.

Und da gibt es noch eine Reihe von Leuten, die um die Autoren und um die Verlage herum arbeiten, zum Beispiel Übersetzer, Fotografen und Herausgeber. Alle müssen mit allen ausführliche Gespräche führen. Ein Buch ist ein Projekt, an dem viele Leute beteiligt sind. Das bedeutet für den Autor: Absprachen, Teamsitzungen, Diskussionen. Es gibt noch wesentlich mehr Leute, die an einem Buch beteiligt sind: Hörbuchsprecher, die Kassetten und CDs aufnehmen, Buchillustratoren, die Zeichnungen, Grafiken und Bilder liefern, Autorenfortbilder, die die Schreiber und Schreiberinnen in ihrem Handwerk trainieren. Verschiedene Berater unterstützen Verlage, um die Titel zum Erfolg zu führen.

Sie sehen: Bücher schreiben kann einsam sein. Ein Buch auf den Markt zu bringen – und das möglichst mit Erfolg – ist Teamarbeit.

Autorenfortbildung

Krimischreiben ist ein Handwerk. »Und zwar ein ziemlich anspruchsvolles«, betont Gabriele Dietze aus Berlin. Der häufigste Anfängerfehler: »Es gibt keinen Plot«. Dabei sind gerade im Krimi saubere Handlungsstränge, stimmige Dialoge und Monologe ein absolutes Muss. »Ein guter Krimiplot ist sehr viel exakter konstruiert als ein Böll oder Walser«, so die Krimiexpertin.

Dietze gibt im Auftrag der Bertelsmann-Stiftung Workshops für Autoren von Spannungsliteratur. Als Stipendiaten bewerben sich bereits publizierte Krimischreiber, aber auch E-Autoren, die mit Krimielementen arbeiten. Aus 120 Exposévorschlägen wählt Dietze zehn für einen Workshop aus.

Zu Beginn der dreiteiligen Seminarreihe werden die Ideen eine Woche lang vorgestellt und diskutiert. Dann arbeiten die Autoren jeder und jede für sich am eigenen Manuskript. Ein halbes Jahr später trifft man sich wieder, um Fortschritte zu präsentieren und gemeinsam Lösungen für Probleme zu suchen. Die Arbeit an Plot und Text findet im Dialog statt. »Autorenfortbildung heißt für mich nicht, dass ich die ganze Zeit vorne stehe und doziere«, erklärt Dietze. Aus der Auseinandersetzung mit den Manuskripten der anderen lernten die Autoren zu kritisieren und ihre eigene Technik um zusätzliche Mittel zu erweitern.

Spannungsliteratur lebt von Atmosphäre. Um die zu erzeugen, brauchen Krimiautoren eine Variationsbreite an Ausdrucksmöglichkeiten, so Dietze, und ein Gefühl dafür, »an welcher Stelle welche Technik am besten kommt«. Emotionen werden durch ganz unterschiedliche Instrumente vermittelt. Angstgefühle beispielsweise können durch extreme Verlangsamung erzeugt werden (entsprechend dem Gefühl »die Schrecksekunde kam mir wie eine

Ewigkeit vor«) oder durch überdrehte Geschwindigkeit: Man schreibt gehetzt, atemlos, in unvollständigen Sätzen.

Extreme Szenen, beispielsweise Sex oder Gewalt, funktionieren am besten durch Auslassung. »Das, was der Leser sich denkt, wenn man nur andeutet, ist viel intensiver, als was der Autor beschreiben kann«, erklärt Dietze. Adjektive machten den Vorstellungsraum eng, besser sei es, dem Leser die Freiheit zu lassen, selbst aus dem Geschehen heraus eine Vorstellung zu entwickeln. Pars-pro-toto-Konstruktionen ließen die Fantasie auf das Große offen.

Ein weiterer typischer Anfängerfehler: ein zu kleines oder zu großes Personal. »Nur vier Leute, die als Mörder in Betracht kommen, das ist ein bisschen wenig. Zwischendurch fällt ja immer mal wieder jemand als Verdächtiger aus«, so Dietze. Wer als Autor dagegen potenziell Tatverdächtige gleich massenweise auftreten lässt, bekommt Probleme mit der Einführung. Personen funktionierten nicht über einen Namen, sondern über eine Charakterbeschreibung, am besten mit Angewohnheiten und Ticks. »Kein Autor schafft es, in einem Krimi zwanzig Mal eine Full blooded-Person entstehen zu lassen«, betont Dietze.

Wie bei der Personenverwaltung so spielt auch in der Atmosphärenbeschreibung die Ökonomie eine wichtige Rolle. Ein trauriges Hotelzimmer, ein elegantes Büro müssten mit wenigen Strichen gezeichnet sein, zumal ein Krimi schauplatzreich sein sollte. »Wer zu barock beschreibt, erzielt keine klaren, sondern versuppte Eindrücke.« Schnelle, unerwartete Schnitte, nicht immer nur durch einen Ortswechsel motiviert, tragen zur Spannung bei.

Die Sprache des Krimis ist wenig kontemplativ, arbeitet mit Action statt Rückblenden. »Was passiert, sollte man im Text zeigen und nicht in die wörtliche Rede packen. Statt dem Leser alles zu erklären, sollte der Autor die Dinge geschehen lassen.«

Um eine Atmosphäre von Verblüffung und Rätselhaftigkeit zu erzeugen, müssen Krimiautoren schräg denken und mit Assoziationen arbeiten. Der Mörder darf weder der Naheliegendste noch der Fernliegendste sein, also kein Unbeteiligter, wie beispielsweise ein überhaupt nicht involvierter Gärtner. »Der Leser geht mit dem

Autor einen Vertrag ein, dass er mitdenken darf, dass er also zumindest eine kleine Chance erhält, den Mörder zu erkennen.« Ein Deus ex Machina dagegen würde den Leser um dieses Recht betrügen.

Ein weiteres Don't: Die Schlussszene darf nicht aus einem Showdown bestehen, in dem der Schuldige dem Kommissar – und damit dem Leser – ohne Not die gesamte Auflösung des Falles präsentiert. »Das ist einfach Faulheit des Autors, der eigentlich erzählerische Mittel einsetzen soll, um den Leser zu informieren.« Gerade E-Autoren bildeten sich schnell ein, sie müssten sich nicht an das Reglement des Krimischreibens halten. Ein Irrtum, so Dietze.

Die Plot-Line braucht Täuschungen, falsche Spuren (red herrings) und plötzliche Wendungen. »Auf einmal muss alles ganz anders sein. Später vielleicht noch einmal«, beschreibt Dietze die Kunst des Plottings. Sie erklärt ihren Autoren und Autorinnen, wie man einen Stoff organisiert und wer wann am besten umgebracht oder verdächtigt wird.

Um den Autoren und Autorinnen ein gutes Handwerkszeug beizubringen, lässt die Dozentin Kettenkrimis verfassen, bei denen die Teilnehmer nacheinander eine Episode schreiben. »Da merkt man schnell, wer bewusst plottet und die Stränge der anderen aufnimmt und weiterspinnen kann.« Dietze schaut sich gemeinsam mit ihren Schülern Filme an und lässt die Autoren eine Horrorszene aus verschiedenen Perspektiven nachschreiben.

Praxis-Box

Krimi ist nicht gleich Krimi. Und für unterschiedliche Genres gibt es unterschiedliche Regeln:

- Der Autor eines *Whodunnit* muss vor allem eine saubere Plotkonstruktion austüfteln und sorgfältig die Spuren verwischen. Der Leser ist dazu aufgefordert, seine Intelligenz einzusetzen.
- Psychothriller spielen mit der Paranoia des Lesers. Hier

geht es darum, wie der Mörder tickt und ob er sein nächstes Opfer kriegt oder nicht. Wer stirbt und wer der Mörder war, ist hingegen klar.
- Die Cosy Novel, der englische Landhauskrimi, wirft einen Blick auf gesellschaftliches Verhalten und Benimm. Klassenfragen werden ausdiskutiert.
- In der Hard boiled Novel – der klassischen Privatdetektivgeschichte – dagegen geht es um die Abenteuer der Maskulinität. Dabei dient der Krimi lediglich als Vorwand, um Souveränität, Stärke, Sex und Witz des Helden darzustellen.
- Das Gleiche gibt es auch umgekehrt: Im Frauenkrimi werden über das Muster einer starken Polizistin oder Detektivin Fragen der Emanzipation verhandelt.

Dietze selbst hat Germanistik studiert und wurde später Verlagslektorin für Hochliteratur. Nach getaner Arbeit mit Dramen und Lyrik nahm Dietze zu Hause lieber eine Elizabeth George, Minette Walters oder Sue Grafton zur Hand. Als der Verlag in finanzielle Schwierigkeiten geriet, schlug sie eine neue Krimireihe vor. Gelernt hat Dietze in der Praxis, nicht im Studium: »An der Uni geht es ja nur um bereits kanonisierte Texte. Da entwickelt man überhaupt keine Vorstellung davon, was gute und was schlechte Literatur ausmacht.« Als Lektor dagegen sei genau das Inhalt der Arbeit: zu beurteilen, ob ein Manuskript gut ist oder nicht. »An schlechten Manuskripten sieht man, wie es zu Fehlern und Problemen kommt, und lernt ex negativo, wie man es besser machen könnte.«

Heute unterrichtet Dietze an der Humboldt-Universität Berlin im Fachbereich Amerikanistik und Genderstudies und gibt für den Rotbuch Verlag eine Krimireihe mit amerikanischen, deutschen und französischen Autoren heraus.

Info-Box

Seminare und Weiterbildungen für Autoren bieten beispielsweise:

Institut für Kreatives Schreiben
Bamberger Str. 52
10777 Berlin
Tel.: (0 30) 2 11 00 56
Fax: (0 30) 2 11 00 56

Bertelsmann-Stiftung
Carl-Bertelsmann-Str. 256
33311 Gütersloh
Tel.: (0 52 41) 81 70
Fax: (0 52 41) 81 66 77
www.bertelsmann-stiftung.de

Schreibschule Erfurt
Schottenstr. 22
99084 Erfurt
Tel.: (03 61) 6 42 24 48
Fax: (03 61) 6 42 24 49
www.schreibschule-erfurt.de
SchreibschuleErfurt@t-online.de

Darüber hinaus bieten viele Hochschulen Kurse in Kreativem Schreiben an.

Anja Kemmerzell, Else Laudan, *Das Wort zum Mord. Wie schreibe ich einen Krimi?*, Hamburg 1999
Patricia Highsmith, *Suspense oder Wie man einen Thriller schreibt.* Zürich 1999
Gabriele Dietze, *Hardboiled Woman. Geschlechterkrieg im amerikanischen Kriminalroman*, Hamburg 1997

Lyrikworkshop

Lyrik zu veröffentlichen ist ein schwieriges Unterfangen. Wer trotzdem einen Versuch wagen will, kann teilnehmen an einem Lyrikworkshop im Schwäbischen Kunstsommer, eine Kooperation der Schwaben-Akademie Irsee mit der Universität Augsburg. Hier kommen etwa 100 Leute für eine Woche im Kloster Irsee zusammen, um sich in Workshops mit Malerei, Chorgesang, Pantomime, Bildhauerei oder eben Lyrik zu befassen.

Einer der Referenten ist Richard Wagner. Der Schriftsteller mit dem berühmten Namensvetter hat neun Gedichtbände veröffentlicht, darunter *Klartext, Invasion der Uhren, Heiße Maroni* und als Book on Demand *Mit Madonna in der Stadt.* Bereits vor dem Seminar senden die Teilnehmer mehrere selbst verfasste Gedichte ein. »Da kann ich sehen, was die Leute interessiert: politische Gedichte, Liebespoesie oder Lyrik mit verfremdeten Worten«, erklärt Wagner. Entsprechend wählt er als Seminarlektüre Gedichte der letzten Jahrzehnte aus: Sarah Kirsch, Paul Celan, Rolf Haufs, Hans Magnus Enzensberger, Ursula Krechel.

Das Schwierigste ist der erste Tag. »Man hat eine Gruppe von ganz unterschiedlichen Leuten, die sich nicht kennen und die sehr verschiedene Vorstellungen von Lyrik und überhaupt von Literatur haben«, erklärt Wagner. Manche hätten sich schon mit zeitgenössischen Gedichten auseinander gesetzt, manche lebten »in völliger Ignoranz des zwanzigsten Jahrhunderts«. Seine Aufgabe ist es, zu Beginn die Weichen für den Rest der Woche zu stellen. »Das heißt auch, dass den Leuten klar wird, dass man heute keine Reime mehr über den Mond schreibt.« Goethe und Uhland seien auch im 20. Jahrhundert gut und schön. Heute noch so zu schreiben, würde jedoch stets reines Privatvergnügen bleiben. »Wer irgendwann mal veröffentlichen will, muss das zur Kenntnis nehmen.«

Im Seminar untersuchen die Teilnehmer die Arbeit der Lyriker: Mit welchen Instrumenten wird welcher Effekt erzielt? »Die Leute sollen lernen, dass Lyrik nichts damit zu tun hat, eine Art Gefühlstagebuch zu schreiben. Gedichte sind hochkonstruierte Gebilde, kein Wort, kein Satzzeichen, kein Zeilenumbruch ist zufällig.« Die Teilnehmer erarbeiten künstlerische Mittel aus der Diskussion heraus. »Ich vermeide Theorie und erkläre nicht, was Lyrik ist. Wir lesen Gedichte und sprechen darüber.« Geschmack und ein guter eigener Stil entwickelten sich beim Lesen *von* Gedichten – »nicht über Gedichte«, so Wagner. Um gut schreiben zu lernen, müsse man zuerst einmal lesen lernen.

Diese intensive Auseinandersetzung der Teilnehmer bleibt nicht folgenlos. »Wenn die Leute kapiert haben, dass Literatur und eben auch Lyrik ein Handwerk ist, dann kommen sie erst mal runter aus ihren luftigen Höhen.« Nach der Diskussion ziehen sich die Teilnehmer zum Schreiben zurück. Später können eigene Werke vorgetragen werden. Auch hier setzt Wagner auf Auseinandersetzung mit dem Text. Dadurch werden persönliche Angriffe oder Abfälligkeiten von vornherein ausgeschlossen. »Polarisierungen sind bei mir gar nicht als Diskussionsmittel vorgesehen. Wenn es eine Atmosphäre der Akzeptanz gibt, dann kann man im Einzelfall auch kritisieren und sagen, wenn etwas nichts taugt.« Seine Erfahrung in der Moderation von Literaturkreisen und politischen Diskussionen hat ihn gelehrt, dass Professionalität auch darin besteht, die Leute nicht frontal anzugehen, sondern erst einmal für sich zu gewinnen.

Nach einer Woche Workshop werden die Gedichte in der Kunstnacht des Schwäbischen Kunstsommers präsentiert. Die Auftritte studiert Wagner vorher mit seinen Teilnehmern ein. »Schließlich kann man das schönste Gedicht mit einem schlechten Vortrag ruinieren«, erklärt der Dichter.

Info-Box

Die Schwaben-Akademie erreichen Sie unter:

Kloster Irsee
Schwäbisches Tagungs- und Bildungszentrum
Klosterring 4
8766 Irsee
Tel.: (0 83 41) 90 66 61
Fax: (0 83 41) 7 42 78
www.kloster-irsee.de

Herausgeber

Ein großer Teil vieler Verlagsprogramme besteht aus Reihen: Die Reiseführerreihe *Anders Reisen*, die Ratgeberreihe *campus concret* und die Krimireihe *Aszendent Mord* sind prominente Beispiele.

Damit aus vielen Büchern von verschiedenen Autoren eine Reihe wird, zeichnet manchmal ein Herausgeber verantwortlich. Seine Aufgaben besteht vor allem darin zu wissen, wie die Reihe aussehen und wohin sie sich entwickeln soll. Dazu kommen die Autorensuche (deutsche Autoren, übersetzte Bücher?), Manuskriptbetreuung, Korrektur, Pressearbeit und Verhandlungen mit den Ansprechpartnern im Verlag über Gestaltung, Ausstattung, Honorare, Umsatzbeteiligung, zusätzliche Rechte an Übersetzung oder Verfilmung.

Die Reihe *eFeF unterwegs* widmet sich dem Thema fremde Kulturen. Sie startete mit dem Australienband *Kopfüber*, gefolgt von *Buschmänner* über Afrika. »Wir wollten eine Reihe machen, die den Alltag, und nicht die Exotik der Leute zeigt. Man soll wirklich etwas von dem Land mitkriegen«, erklärt die Herausgeberin Gila Reinke-Diekert.

Eigentlich ist Reinke-Diekert Sportjournalistin mit einem Studienabschluss in Germanistik, Publizistik und Sport. Sie arbeitete in der Sportredaktion des SFB-Fernsehens und gab ein Olympiabuch bei Elefantenpress heraus. »Als ich dann meine Tochter bekam, wurde es schwieriger, nach dem Spiel mit der Mannschaft einen trinken zu gehen. Meine Informationen wurden schlechter.«

Da sie sowieso vorhatte, für längere Zeit nach Neuseeland zu gehen, schmiedete sie einen Plan: »Da wurden gerade die Gehörlosen-Weltspiele ausgetragen, und weil keiner der Reporter so richtig wollte, war es am einfachsten, mir den Auftrag für die ARD-Berichterstattung zu geben.« Vor ihrer Abreise sprach sie weitere Sportereignisse (Tennis, Segeln) mit der Redaktion ab.

In Neuseeland angekommen machte sie sich sofort auf die Suche nach kulturellen Ereignissen, die für eine Berichterstattung interessant sein könnten. »So habe ich viele Abende am Telefon gehangen und Liveinterviews nach Deutschland gegeben.« Ein Dreivierteljahr Neuseeland war finanzierend.

Doch als sie zurückkam, war es mit dem Sport irgendwie vorbei. »Ich konnte mir kein Torergebnis und keine Ablösesumme mehr merken«, erzählt Reinke-Diekert. Das Reisen überschattete den Sport, und so zog sie es vor, wiederum für viele Monate zu verschwinden, diesmal nach Afrika.

Was also lag nach ihrer Rückkehr näher, als sich der Reiseberichterstattung zu widmen? Sie machte sich auf die Suche nach einem Verlag und wurde in Bern fündig. Der efeF-Verlag hatte bereits mehrere Titel zum Thema Frauen und Reisen gemacht und so bot Reinke-Diekert an, eine neue Reihe aus der Taufe zu heben: *efeF unterwegs*. »Ich wollte meine eigenen Ideen verwirklichen, die Dinge selbst in der Hand behalten.« Das heißt für sie nicht unbedingt schreiben. »Ich arbeite nicht so gern am Schreibtisch. Lieber gehe ich raus in die Welt, knüpfe Kontakte, gehe mit Leuten um, suche Autoren, organisiere, mache Pressearbeit.« Außerdem kümmert sie sich um Lesungen und Auftritte auf der Buchmesse. Eine Herausgeberin sei immer ein bisschen Buchmanagerin, ein bisschen Visionärin, ein bisschen Lektorin und ein bisschen Autorin. »Manchmal ist Schreibtisch auch schön.«

Nach Australien und Afrika stehen Brasilien und Israel auf dem Programm. »Bei dem Israelbuch habe ich eine Frau, die hauptsächlich die Informationen bringt. Da muss ich eine Autorin für das Poetische dazusuchen.« Bei dem Afrikabuch dagegen hat sie selbst viel geschrieben. »Die Texte, die ich von vier Afrikanerinnen bekommen hatte, waren schön, aber noch kein Buch.« Reinke-Diekert arbeitet auch mit Experten zusammen, beispielsweise Professoren für Ethnologie, die das Manuskript auf inhaltliche Richtigkeit durchsehen.

Der Verlag lässt Reinke-Diekert bei ihrer Arbeit alle Freiheit (was naturgemäß nicht immer der Fall ist), nur die Schlusskorrektur wird in Bern duchgeführt. »Wenn man vom Fernsehen kommt, ist immer auch das Optische wichtig. Ich denke in Bildern, daher kümmere ich mich besonders um die Gestaltung.« Sie arbeitet mit einem Layouter zusammen und legt mit ihm Cover, Format, Schrift und die Ausstattung mit Fotos fest. »Wenn ich Menschen zeigen will, muss ich auch Bilder von ihnen zeigen.«

Buchreihen werden nicht immer von Herausgebern, sondern auch von Verlagslektoren betreut. Externe Herausgeber gibt es ebenfalls in Aufsatzsammlungen, Anthologien und bei kommentierten Werken.

Übersetzer

Rund 80 Prozent der in Deutschland verkauften Publikumsromane sind Übertragungen aus dem Englischen. Dabei handelt es sich (im besten Fall) nicht um eine Wort-für-Wort-Übersetzung ins Deutsche, sondern um die Übertragung »von einem Sprachsystem ins andere«. Jeder Autor arbeitet mit Ausdrücken, Wortschöpfungen, Wortspielen und Sprachcharakteristika, die sich nicht einfach übersetzen lassen. Aufgabe des Übersetzers ist es daher herauszufinden, welcher Stil dem Ursprungstext gerecht wird.

Andreas Tretner ist Spezialist für Übersetzungen aus dem Russischen und Bulgarischen ins Deutsche. Er hat zu DDR-Zeiten in Leipzig Slavistik studiert. Das Studium war auf den Einsatz in Politik und Wirtschaft ausgerichtet – nicht auf Literatur. Und so fand er seinen ersten Job als technischer Dolmetscher und Übersetzer bei Carl Zeiss in Jena. »Das hat nicht geschadet«, resümiert er, »so wurde ich in ganz andere Stilistiken und Wirklichkeitsbereiche eingeführt.« Die Allgemeinbildung eines Übersetzer könne gar nicht breit genug sein. »Aber ich habe immer gerne gelesen, Bücher gemocht und wollte unbedingt Literatur übersetzen.«

Und so tastete er sich langsam heran an den Beruf des literarischen Übersetzers, für den er in der DDR offiziell gar nicht ausgebildet war. Zuerst schrieb er Gutachten über bulgarische Theaterstücke, kurz vor der Wende wurde er Lektor beim Reclam-Verlag in Leipzig – eine Erfahrung, die ihm heute im täglichen Umgang mit seinen Arbeitgebern, den Verlagen, hilft. Denn Ansprechpartner für den Übersetzer ist der Lektor. Mit ihm wird der neue Text durchgesprochen, von ihm erhält er Änderungswünsche und neue Aufträge.

Übersetzer sind in der Regel freiberuflich tätig. Sie werden für einzelne Bücher engagiert und können ihre Arbeitszeit frei einteilen, Hauptsache, der Abgabetermin wird eingehalten. Doch wenn ein Auftrag kommt, ist es meistens eilig. »Der Zeitdruck ist immens, man muss immer schnell sein«, so Tretner. Fünf Normseiten pro Tag sind die Regel.

Tretners Arbeitstag beginnt mit der Korrektur der Seiten vom Vortag. »So rutscht man automatisch rein, es entstehen keine Brüche.« Dann macht er sich zügig ans Übersetzen der folgenden

Seiten. Acht Stunden am Tag, manchmal, gerade wenn der Abgabetermin näher rückt, viel länger. Bei Zweifelsfällen konsultiert er das Wörterbuch oder den Autor »wenn er nicht tot, unfreundlich oder zu weit weg ist«, erklärt Tretner seine Philosophie, »denn schon die Stimme gibt einem ein Gefühl für den Text, wenn man den Autor reden hört, kann man besser nachvollziehen, wie er tickt.«

An rund zehn Universitäten in der Bundesrepublik kann man das Übersetzerhandwerk studieren. Aufbaustudiengänge gibt es in Germersheim und Düsseldorf. Anfängern sei Englisch und eine etwas exotischere Sprache empfohlen. Aus dem Englischen wird am meisten übersetzt und mit der anderen Sprache kann man sich spezialisieren und einen Namen machen. Japanisch und Norwegisch waren in den vergangenen Jahren gefragt, aber der Markt ändert sich stetig, sodass man mit jeder Sprache seine Chance findet.

Neben den studierten Übersetzern finden sich eine Menge Quereinsteiger, zum Beispiel Leute, die zweisprachig aufgewachsen sind oder längere Zeit im Ausland gelebt haben. Die aufsehenerregendste Buchübersetzung im Jahr 2000 machten allerdings Laien: Um den vielen Englisch-unkundigen Harry-Potter-Süchtigen die Wartezeit zu verkürzen, übersetzten Freiwillige *Harry Potter and the Goblet of Fire* ins Deutsche und stellten ihre Versuche ins Internet. Den ausgeschriebenen Preis eines Berliner Netzanbieters ließ der Carlsen Verlag allerdings verbieten.[9]

Info-Box

Auskünfte in rechtlichen und anderen Fragen:

Bundesverband der Dolmetscher
und Übersetzer
Rüdigerstr. 79a
53179 Bonn
Tel.: (02 28) 85 81 51
Fax: (02 28) 85 81 45
www.bdue.de

Ein stilles Plätzchen zum
Übersetzen und Erfahrungs-
austausch mit anderen bietet:

Europäisches Übersetzer-Kollegium
Kuhstr. 15
47628 Straelen
Tel.: (0 28 34) 10 68
Fax: (0 28 34) 75 44
www.evk-straelen.de

Verband deutscher Schriftsteller (Hg.), *VS-Handbuch. Ein Ratgeber für Autorinnen und Autoren, Übersetzerinnen und Übersetzer,* Göttingen 1999

Rechtlichen Beistand, Normverträge und Honorarempfehlungen gibt es bei:

Verband deutschsprachiger Übersetzer literarischer und wissenschaftlicher Werke
Sitzbuchweg 44
69118 Heidelberg
Tel.: (0 62 21) 80 15 16
Fax: (0 62 21) 80 21 24
www.literaturuebersetzer.de

Freies Lektorat

Der Lektor verdankt seine Berufsbezeichnung der Lektüre. Ein schöner Beruf für einen echten Bücherwurm also. Doch bis es so weit ist, dass der Lektor sich der Lektüre widmen kann, müssen etliche Hürden genommen werden.

Interview

Lisa Kuppler lektoriert deutsche Krimis und Krimiübersetzungen aus dem Amerikanischen.

Frage: Was sind die Hauptaufgaben einer freien Lektorin?
Kuppler: Freie Lektorinnen schaffen prinzipiell den Kontakt zwischen Verlag und Autor. Sie sorgen dafür, dass der Verlag publizierbare Manuskripte von altbekannten und von neuen Autoren erhält. Daher sind Lektorinnen die ersten Testleserinnen. Sie fungieren als Reality-Check und Sounding-Board, machen Vorschläge, wie der Text weiter nach vorn zu bringen ist. Zum Schluss bearbeiten sie die Manuskripte für den Druck (Endredaktion, Fahnenlektorat) und koordinieren manchmal die

Buchherstellung mit Grafik und Verlag. Außerdem müssen Autoren bei Sinn- und Schreibkrisen ebenso wie bei literarischen Erfolgen betreut werden.

Frage: Ein neues, unaufgefordert eingesandtes Manuskript landet auf Ihrem Tisch. Was tun Sie als Erstes?

Kuppler: Ich lese das beiliegende Anschreiben, weil mich immer auch die Autorin, vor allem ihre Biografie, woher sie kommt, interessiert. Dann lese ich das Manuskript, wie ich einen Krimi lesen würde.

Frage: Und dann? Nach welchen Gesichtspunkten beurteilen Sie das Manuskript?

Kuppler: Meistens wird schon nach ein paar Seiten klar, ob die Autorin schreiben kann oder nicht. Damit fällt die erste Entscheidung. Professionelle Schreibe ist sicher das entscheidende Auswahlkriterium. Da bleiben nur noch sehr wenige Manuskripte übrig. Dann schaue ich nach Stil, Thema, Story, Setting und Charakteren: Passen sie in das Programm, das ich machen will? Wie originell ist das Manuskript? Ist da etwas Besonderes, ein außergewöhnlicher Held, spannende Insiderbeschreibungen eines Milieus oder eine interessante literarische Verarbeitung eines aktuellen Themas? Dann: Hält der Text meine Aufmerksamkeit, ist er ein page turner? Wo gibt es Hänger in der Handlung? Wo sind Charaktere zu aufdringlich oder zu wenig ausgebaut? Stimmt die innere Logik, der Spannungsfaden und Plotaufbau? Gibt es sprachliche Ungereimtheiten oder Fehler?

Frage: Wie arbeiten Sie mit den Autoren zusammen?

Kuppler: In gemeinsamen Sitzungen erläutere ich den Autoren meine Vorschläge zum Manuskript. Dabei kann es passieren, dass wir ganze Teile des alten Manuskripts streichen und gemeinsam neue Handlungsstränge oder neue Figuren entwickeln, mit denen die Autorin dann zurück an den Schreibtisch geht. Richtig spannend wird die Zusammenarbeit, wenn die Autorin die Ideen aufgreift, weiterspinnt und das Potenzial eines Manuskripts ausreizt. Manchmal werden Figuren ausgebaut, die im ursprünglichen Manuskript nur angedeutet waren.

Frage: Was muss man können, um eine gute Lektorin zu sein?

Kuppler: Meiner Erfahrung nach muss man sich ganz grundsätzlich in andere einfühlen können, verstehen, welches Buch der Autorin vorschwebt, was für ein Buch sie schreiben will. Das heißt oft: Man muss das eigene Ego zurückstecken. Egal wie viele Ideen in einem fertigen Buch von der Lektorin stammen, am Ende ist es das Buch der Autorin. Wenn man Glück hat, wird vorne im Buch das Lektorat erwähnt, oft aber auch nicht. Eine gute Lektorin braucht ausgeprägte kommunikative Fähigkeiten und soziale Intelligenz. Sie muss konstruktiv kritisieren und diese Kritik den Autoren gut vermitteln können. Sie muss damit umgehen, dass Autoren gekränkt reagieren. Ihre Aufgabe ist es dann, diese zu besänftigen, bei der Stange beziehungsweise beim Verlag zu halten und trotzdem auf das Lektorat zu bestehen.

Frage: Und das technische Know-how?

Kuppler: Ich sehe die Lektorinnentätigkeit im weitesten Sinn als Dienstleistung an den Autoren. Natürlich muss man ein sicheres Gefühl für Sprache haben, über einen großen Wortschatz verfügen, kulturelle Anspielungen aller Art verstehen, überhaupt ein gutes Gedächtnis für interessante Einzelheiten haben, prinzipiell an vielen unterschiedlichen Dingen interessiert sein – wie eine gute Autorin übrigens auch. Man muss sich in dem Genre, in dem man arbeitet, gut auskennen und merken, wenn zum Beispiel eine Idee oder Figur schon zigmal vorgekommen ist. Man sollte also über ein aktuelles, vielfältiges Wissen über Literatur, Kultur, Politik, Geschichte, soziale Strömungen und überhaupt alles Mögliche verfügen. Recherchefehler im fertigen Buch werden eher dem Lektorat als der Autorin angekreidet!

Frage: Wie lernt man das alles?

Kuppler: Es gibt viele gute Tipps für das Lektorieren von Manuskripten, aber das Drumherum, die Autorenpflege, muss einem auch liegen. Praktika bei Verlagen oder in freischaffenden Lektoratsbüros sind ein guter Weg, das auszutesten und zu sehen, ob die Arbeit einem liegt. Ich habe viel vom Feedback der Autoren gelernt. Und am meisten natürlich durch die Zusammenarbeit mit anderen Lektoren und Lektorinnen.

Frage: Ihr persönlicher Tipp für den Nachwuchs?

Kuppler: Liebe zu Büchern und Literatur allein reicht nicht aus, um eine gute Lektorin zu werden.

Info-Box

Zum Schutz der Interesssen von Freiberuflern hat sich der Verband Freier Lektorinnen und Lektoren gegründet. Regionalgruppen gibt es unter anderem in Frankfurt/Main und Hamburg, die Gründung weiterer Regionalgruppen steht bevor. Kontakt:

Sabine Rock
Bruchstraße. 14
60594 Frankfurt/Main
Tel.: (069) 61 00 66 46
Fax: (069) 61 00 66 45
druckreif@okay.net

Anne Stalfort
Holtenklinker Str. 20
21029 Hamburg
Tel.: (040) 7 21 45 33
Fax: (040) 7 21 45 24
anne.stalfort@W4W.de

Im Internet gibt es die Webpage www.lektorat.de – ein datenbankgestütztes Verzeichnis vieler Lektorate und Korrektorate.

Gill Davies, *Beruf Lektor*, Friedrichsdorf 1995

Hörbuchsprecher

Ingeborg Bachmanns Gedichte in der Kaffeepause, *Der Name der Rose* beim Kochen, Milan Kunderas *Die Identität* beim Autofahren und nachts im Dunkeln der neueste Harry Potter – Hörbücher bieten die Möglichkeit, so manche Tätigkeit mit gleichzeitigem Literaturgenuss zu verbinden.

Hören ist nicht etwa bloß Lesen für Faule. »Beim Hörbuch kann man mit Stimme, Betonung und verschiedenen Sprechweisen Atmosphäre schaffen«, erklärt Rolf Becker, Schauspieler und Hörbuchsprecher aus Hamburg. Anders als beim Fernsehen entstünden die Bilder vor dem geistigen Auge des Lesers. »Da baut sich jeder seine eigene Landschaft im Kopf auf.«

Im Unterschied zu Bühne und Film stehen dem Hörbuchsprecher nur die Sprache und die eigene Stimme als Gestaltungsmittel zur Verfügung. Umso wichtiger ist es, sich intensiv mit dem vorliegenden Manuskript auseinander zu setzen. »Jeder Text ist anders, spielt mit unterschiedlichen Mitteln, präsentiert unterschiedliche Charaktere. Routine kommt in dem Beruf eigentlich nie auf«, betont Becker. Eine Hörbuchsprecherin sollte immer neue Sprechvarianten ausprobieren, um den Text bei der Aufnahme im Studio so variationsreich und lebendig wie möglich transportieren zu können.

Zur Vorbereitung der Aufnahme macht Becker Einzeichnungen in den Text. »Da hat jeder sein eigenes System wie bei der Notation eines Musikstücks«, erklärt er. Akzente, Pausen, Verzögerungen, Beschleunigungen, Dynamik – trotz aller Vorbereitung muss die Spontaneität beim Lesen erhalten bleiben.

Becker hat zunächst in München die Schauspielschule besucht und war danach für Bühne und Fernsehen tätig. Schon früh begann er, parallel für den Hörfunk zu arbeiten. Bei Rezitationen, öffentlichen Lesungen und beim Hörspiel könne man wichtige Erfahrungen fürs Hörbuchsprechen sammeln. Dabei lerne man auch, mit der Aufnahmetechnik in einem Studio klarzukommen und sich an die üblichen Raufereien zwischen Regisseuren und Schauspielern zu gewöhnen. »Einen ganzen Roman zu sprechen ist immer eine Ausnahmesituation. Tagelang begibt man sich nur mit Text, Mikrofon und zwei Regisseuren ins Studio. Auf so eine Langstrecke muss man sich schon seelisch vorbereiten«, erklärt Becker. Er selbst halte das nur durch, wenn der Stoff ihn wirklich fesselt.

Um sich in dem Text zurechtzufinden, ist Vorabrecherche notwendig. Der Sprecher muss Alltag und Erlebniswelt seiner Charaktere kennen, um sie glaubhaft darzustellen. Dazu gehört auch, dass der Sprecher die Psyche seiner Figuren nachvollziehen kann und über den Zeitgeist des Texts Bescheid weiß. Talentierten Textinterpreten, die sich fürs Hörbuchsprechen interessieren, rät Becker zu Schauspielstunden. Es kann vorkommen, dass beim Sprechen eines Romans bis zu 30 Personen zu verkörpern sind. »Nachkaspern gilt da nicht, die müssen alle richtig gespielt werden«, erklärt der Hörbuchsprecher. Anders sieht es beispielsweise bei Lehrbüchern aus. Wer Texte über Anatomie, Thermodynamik oder lateinische Grammatik spricht, muss eine Stimme haben, die den Hörer bei der Stange hält.

Der Trend zum Hörbuch stammt aus den USA. In Deutschland ist der Markt für Erwachsene 1999 auf knapp 25 Millionen Euro angestiegen. Damit wächst der Hörbuchmarkt schneller als der traditionelle Buchmarkt.[10]

Info-Box

Hörbücher werden zum Beispiel verlegt bei:

Der Hörverlag
Sternstraße 21
80538 München
Tel.: (0 89) 21 06 94 30
Fax: (0 89) 21 06 94 15

Hörbuch Hamburg
Reventlowstraße 2
22 605 Hamburg
Tel.: (0 40) 88 91 39 46
Fax: (0 40) 88 91 39 47
info@hoerbuch-hamburg.de

Buchillustrator

Ein Bild sagt mehr als tausend Worte. Und in einem Buch gibt es meistens weitaus mehr. Bei Manuskripten wie diesem kommen schnell an die 100 000 Wörter zusammen.

Nicht jedes Buch hat Bilder. Schließlich ist es Aufgabe des Autors, Bilder im Kopf des Lesers zu erzeugen. Trotzdem können Fotos, Zeichnungen und Grafiken wesentlicher Bestandteil eines Buchs sein, beispielsweise bei Kunstbänden oder Lexika. Aber auch bei Schul- und Kinderbüchern, bei Ratgebern und Reiseführern tragen Illustrationen zur Attraktivität bei.

Einer der renommiertesten Buchillustratoren ist Michael Sowa. Der für seine skurrilen, feinsinnigen Ölbilder und Zeichnungen bekannte Berliner Maler schlidderte durch Zufall in diesen Beruf hinein: Anfang der 90er-Jahre hatten ihn die Schriftsteller Hans Magnus Enzensberger und Irene Dische gefragt, ob er ihr gemeinsam geschriebenes Buch bebildern wolle.

Sowa sagte zu und malte Bilder für *Esterhazy*, die Geschichte eines kleinen Hasen, der im grauen, geteilten Berlin eine Häsin als Frau sucht. Auch eine Geschichte über die geteilte Stadt und ihre Bewohner. »Wie die Abenteuer des kleinen Hasen erzählt wurden, hat mir hundertprozentig gefallen, sonst hätte ich nicht zugesagt. Den Erzählstil muss man wirklich mögen, er muss einen berühren, sonst werden die Bilder nicht gut. Wenn das nicht harmoniert, merken die Leser das sehr schnell«, so Sowa. Das Buch wurde ein Erfolg. Weitere Aufträge folgten. Rund fünf Manuskripte hat Sowa mittlerweile regelmäßig zu Hause liegen. Und die warten manchmal viele Monate darauf, bebildert zu werden. »Ich drücke mich ja immer vor neuen Aufträgen, weil ich hoffnungslos im Verzug bin. Dauernd gerate ich unter Zeitdruck und muss dann in ganz kurzer Zeit die Bilder fertig stellen.« Viele seiner Bücher-Bilder gibt es heute auch als Postkarten. Sowa boomt, und das, wo man ihn jahrzehntelang nur in Kunstkreisen kannte. Es waren die Buchillustrationen und Ausstellungen mit genau diesen Bildern, die ihn erst populär machten.

Wenn Sowa ein Manuskript liest, entstehen schon erste Bilder im Kopf. Dann beginnt er, groß- oder kleinformatige Ideenskizzen anzufertigen, die er an den Autor und den Verlag schickt. Später werden die Illustrationen in der Vertreterkonferenz vorgestellt. Danach bespricht er sich mit dem Autor und dem Verlag, bis sich alle einig sind, in welche Richtung die Arbeit gehen soll. Meistens läuft das problemlos. Schwierigkeiten bereitet es Sowa nur, wenn der Autor zu genaue Vorstellungen hat. Das sei ihm mal bei der Schriftstellerin Eva Heller passiert. Sie hatte ein Buch über einen Weihnachtsmann geschrieben, der einem Mädchen eine Puppe überbringen sollte. Aber dauernd Puppen zu malen, davon war Sowa nicht sehr begeistert. »Ich wollte nicht Pinselstrich für Pinselstrich am Text kleben. Ich finde, Bilder sollten auch für sich stehen können. Bei mir laufen eben manchmal Geschichten ab, die neben der Handlung des Textes passieren. Das ist doch gerade der Clou.« Irgendwann konnte er sich mit der Autorin einigen. Doch bis es so weit war, gingen zunächst viele Skizzen mit langen Anmerkungen der Autorin an ihn zurück. »So was kommt eben auch mal vor. Jeder hat seine eigene Geschichte und seine eigenen Bilder im Kopf.«

Gute Buchillustratoren zu finden ist für den Verlag ein schwieriges Geschäft. Viele Künstler arbeiten nicht gern nach Auftrag, anderen fehlt das Gespür für den Text. In seltenen Fällen (Beispiel Ingrid Nolls *Der Schweinepascha* und Günter Kunert – *Reisegedichte und Federzeichnungen*) übernimmt der Schriftsteller selbst die Illustration. Auch Günter Grass und Sarah Kirsch haben Aquarelle für ihre Bücher gemalt.

Rechte-Clearing

Darf der russische Smirnoff Vodka mit dem berühmten Che-Guevara-Porträt auf seiner Flasche werben? Er darf nicht, entschied das Londoner High Court im Herbst 2000 und sprach dem kubanischen Fotografen Alberto Diaz Gutierrez das Urheberrecht zu. Damit liegt die Entscheidung bei ihm, wer das Foto zu welchem Preis verwenden darf.

Auch Verlage verhandeln mit Fotografen, Illustratoren und Malern. Doch was, wenn man gar nicht weiß, wem das Recht an einem Bild gehört? Manche Rechte liegen bei den Künstlern, andere bei ihren Nachfahren oder den Werk-Besitzern, wieder andere bei Verbänden oder Verwertungsgesellschaften. Um herauszufinden, wer überhaupt Ansprechpartner ist, gibt es Clearing-Stellen.

Eine davon ist Whois-Services in München. Hier wenden sich Verlage (im besten Fall) in der Planungsphase hin, um zu klären, wie das Buch mit Illustrationen ausgestattet werden kann, ohne den Verlag durch Lizenzzahlungen respektive spätere Schadensersatzforderungen zu ruinieren.

Clearing-Fachfrau Regina Neupert von Whois-Services gibt ein Beispiel: Ein amerikanischer Verlag möchte ein unbedeutendes, eher skurriles Buch über Freikörperkultur nachdrucken. Dieses war 1908 in Kleinstauflage in einem süddeutschen Selbstverlag erschienen. »Natürlich denkt man erst mal: ›Da gibt es gar keine Rechte mehr dran.‹ Aber der Autor war erst 1956 gestorben, und die Urheberrechte laufen bis siebzig Jahre nach dem Tod.«

Der Autor hinterließ einen Schuldenberg, seine Kinder schlugen das Erbe aus und die Rechte fielen somit an seine Heimatstadt. »Nun rufen Sie mal bei der Stadtverwaltung an und fragen, ob sie das Recht zum Nachdruck eines solchen Buches bekommen. Die wissen natürlich überhaupt nicht, wovon Sie reden.« Da man solche Angelegenheiten nur persönlich regeln könne, fuhr Neupert kurzentschlossen hin und erklärte dem Sozialamt, um was es geht: nämlich dass sie das Recht zum Abdruck erwerben möchte, dass damit aber kein unerwarteter Geldsegen für die Stadt verbunden sei, zumal es keinen Posten gab, unter dem solche Beträge verbucht werden könnten. Nach vielem Hin und Her hatte sie es tatsächlich geschafft: »Die waren irgendwann so genervt, dass wir uns auf eine anonyme Spende in die Kaffeekasse einigten.«

Der Werdegang von Neupert ist erzählenswert: Während ihres Studiums bastelte die angehende Juristin regelmäßig in der Werkstatt ihrer Schwiegereltern alte Möbel zusammen. Ihr Schwiegervater, ein Handwerksmeister, der in vierter Generation historische Tasteninstrumente baute, erkannte schnell ihre Begabung. Als der eigentlich für die Familiennachfolge vorgesehene Sohn nicht von seiner Laufbahn als Physiker ablassen wollte, brach Neupert ihr Studium ab und begann eine Lehre als Instrumentenbauerin für Klavier und Cembalo.

Nach der Meisterprüfung gründete Neupert eine Konzertreihe an der Musikhochschule München und betätigte sich als Journalistin für verschiedene Fachzeitschriften und schrieb Musiksendungen für den Bayerischen Rundfunk. Sie arbeitete als Agentin für Künstler für zeitgenössische Musik, organisierte Auftritte und Konzerte, betreute die Instrumente, begleitete Musikaufnahmen und vermittelte bei Vertragsverhandlungen. Während dieser Zeit reiste sie viel ins Ausland, besuchte Fachmessen und restaurierte Instrumente rund um den Globus.

Durch ihre unterschiedlichen Tätigkeiten hatte sie sich im Laufe der Jahre ein Netzwerk aus Kontakten in der Musik- und Verlagsszene, in den Medien und den Verwertungsgesellschaften wie VG Wort und VG Bild und Kunst aufgebaut. »Wenn ich Bilder verwenden will, muss ich mich sehr genau auskennen, wer welche Rechte besitzt und wie darüber verhandelt wird. Wenn jemand mit einem Konzept zum Beispiel für einen Moderne-Kunst-Führer zu mir kommt, muss ich ihn erst mal darüber aufklären, dass bestimmte Rechte gar nicht zu bekommen sind, andere nur sehr schwer und mit hohem finanziellen Aufwand. Häufig kann ich aber Alternativvorschläge machen«, erklärt Neupert und weist darauf hin, dass es in ihrem Beruf immer auch darauf ankomme, improvisieren zu können. »Etwas mit ganz viel Geld zu machen, ist leicht. Die Kunst liegt darin, es mit wenig zu machen.«

Neupert gründete die Whois-Services. »So habe ich mich viele Jahre später wieder der Juristerei angenähert und kann meine ganzen bisherigen Erfahrungen nutzen.« Doch sich darauf auszuruhen liegt ihr fern. »In so einem Job muss man ständig Augen und Ohren offen halten, Ausstellungen besuchen, sehr viel lesen, ein gutes Archiv haben und sich ständig über kulturelle Events auf dem Laufenden halten. So findet man immer wieder Dinge, die benutzt werden wollen. Und wenn mich dann ein Kunde nach diesem oder jenem Bild fragt, dann muss ich wissen, wo es zu finden ist.« Fehlende Informationen beschafft sie aus Bibliotheken, Ausstellungskatalogen (auch digitale), Antiquariaten, Datenbanken und dem Internet. »Und wenn das alles nichts hilft, muss ich wissen, wen ich fragen kann.«

Als Fachfrau für Urheberrechte wird Neupert als Referentin auf viele Tagungen und Kongresse eingeladen. Ihre Einsatzfelder sind international, Fremdsprachenkenntnisse ein Muss. »Rechteklärung macht nicht an Grenzen halt«, erklärt Neupert, die sich auf Französisch, Englisch, Spanisch, Portugiesisch und Italienisch verständigen kann. Um den immer wieder »unorthodoxen Einsatz von Kräften« (Zitat Neupert) zu managen, benötigt die Wahl-Münchnerin eine hohe Belastbarkeit, Organisationstalent und die Fähigkeit, den Überblick zu behalten. »Meine Fälle sind wie Bäume, die sich nach oben hin millionenfach verästeln. Jeder kleine Ast muss im Auge behalten werden«, erklärt sie.

Auf die Frage, was sie immer wieder dazu treibt, neue berufliche Projekte zu beginnen, antwortet Neupert: »Die blanke Neugier, eine nicht kontrollierbare, mit keinem Mittel zu kanalisierende Neugier.« Und sie fügt hinzu: »Wenn ich heute meine Meister-Kollegen treffe, die jahrzehntelang dasselbe machen, und ich erzähle von meinen Projekten, dann schauen die immer wie eine Kuh, wenn's donnert.«

Info-Box

Die größten Clearing-Stellen sind:

Verwertungsgesellschaft Wort
Goethestr. 49
80336 München
Tel.: (0 89) 51 41 20
Fax: (0 89) 5 14 12 58
www.vgwort.de

Verwertungsgesellschaft
Bild-Kunst
Weberstr. 61
53115 Bonn
Tel.: (02 28) 91 53 40
Fax: (02 28) 9 15 34 39
www.bildkunst.de

Whois-Services
Habsburger Str. 8
80801 München
Tel.: (0 89) 33 08 83 99
Fax: (0 89) 33 08 83 98
www.whois-services.de

Für Österreich:
LVG – Literarische Verwertungs-
gesellschaft / Literar-Mechana
Linke Wienzeile 18
1060 Wien
Tel.: 00 43 (1) 58 72 16 10
Fax: 00 43 (1) 58 72 16 19

Für die Schweiz:
Pro Litteris – Schweizerische
Urheberrechtsgesellschaft für
Literatur und Bildende Kunst
Universitätsstraße 96
CH-8033 Zürich
Tel.: 00 41 (1) 3 68 15 15
Fax: 00 41 (1) 3 68 15 68
www.prolitteris.de

Literaturagent

In den USA bereits ein großes Geschäft, hierzulande erst in den Kinderschuhen: Literaturagenturen. Sie vertreten die Rechte und Interessen der Autoren.

Ein Autor verfügt nicht notwendigerweise über kaufmännisches Gespür und juristische Grundkenntnisse. Eher im Gegenteil. Viele tun sich schwer, einen geeigneten Verlag zu finden, Vertragskonditionen für Honorar und Nebenrechte auszuhandeln und Abrechnungen zu kontrollieren. Diese Aufgaben übernimmt der Agent, in den meisten Fällen eine Agentin. Das gibt dem Autor Zeit, sich auf seine eigentliche Aufgabe, das Recherchieren und Schreiben zu konzentrieren.

Durch einen namhaften Agenten mit guten Kontakten ist die erste Hürde bei Verlagen genommen. Doch die Betreuung geht noch weiter. Die Agentin überlegt beispielsweise, ob der Autor für einen Wettbewerb oder ein Stipendium infrage kommt oder ob man mit einer Lesereise den Verkauf ankurbeln könnte. Im deutschen Sprachraum, speziell in der Schweiz, gibt es derzeit rund 100 Literaturagenten.

Karin Graf gründete 1995 ihre Agentur Graf & Graf für literarische Autoren. Die meisten Schriftsteller rekrutiert die Wahl-Berlinerin über Literaturveranstaltungen, einen weiten Freundes- und Bekanntenkreis sowie auf Empfehlung jener Autoren, die bei ihr unter Vertrag sind. »Lesen«, sagt die studierte Germanistin, »habe ich beim WDR gelernt.« Jede Woche ein Buch, und das zehn Jahre lang – das war ihr Pensum als Gutachterin des Kölner Senders. Damals prüfte sie auf Verfilmbarkeit der literarischen Erzeugnisse. Heute zählt anderes. »Interessant und gut verkäuflich ist leider nicht immer das Gleiche. Es muss eine gute Geschichte sein, für mich ist das Wichtigste das harmonische Verhältnis von Form und Inhalt.«

Neben ihrer Tätigkeit beim WDR, für den sie auch synchronisierte und Filme drehte, machte sie sich als Herausgeberin und Moderatorin, vor allem aber als Übersetzerin aus dem Amerikanischen einen Namen. Sie hat Wallace Stevens, Virginia Woolf, Rudyard Kipling und nicht zuletzt auch Salman Rushdie ins Deutsche übertragen. Später übernahm sie die Pressearbeit des Rowohlt Berlin Verlags. »Mein Ziel war, mit dem Lesen mein Leben zu verdienen.« In Grafs Team arbeitet außerdem die Agentin Heinke Hager und die Juristin Angela Kesselring.

Literaturagenten benötigen neben wirtschaftlichem und juristischem Wissen ein Gespür für Bücher und Trends, vor allem aber persönliche Kontakte zu Lektoren und Verlagen. Das schließt psychologisches Fingerspitzengefühl und Verhandlungsgeschick mit ein. Um die 40 bis 50 Titel vermittelt Graf im Jahr, von jedem Deal bekommt sie 15 Prozent. Eine Mutter für die Autoren will sie nicht sein, »aber eine zusätzliche Schulter, ein zusätzliches Ohr«.

Durch die Intervention der Agenten sind die Autorenhonorare

auch für Debütanten um ein Vielfaches gestiegen. Während vor einigen Jahren das erste Werk eines Ingeborg-Bachmann-Preisträgers noch für 1 500 Euro zu haben war, werden heute auch für unbekannte Autoren bereits hohe Summen ausgehandelt.

Info-Box

John Brockman, einer der bekanntesten amerikanischen Literaturagenten, vermarktet Manuskripte auf der Website www.rightscenter.com.

Agenturen im deutschsprachigen Raum sind beispielsweise:

Paul und Peter Fritz
Jupiterstr. 1
Postfach 11 73
CH-8032 Zürich
Tel.: 00 41 (1) 3 88 41 40
Fax: 00 41 (1) 3 88 41 30
www.fritzagency.ch

Graf & Graf
Mommsenstr. 7
10629 Berlin
Tel.: (0 30) 8 83 41 71
Fax: (0 30) 8 81 46 22

Liepmann
Maienburgweg 23
Postfach 5 72
CH-8044 Zürich
Tel.: 00 41 (1) 2 61 76 60
Fax: 00 41 (1) 2 61 01 24

Thomas Montasser
Medienagentur
Döbereiner Str. 19
81247 München
Tel.: (0 89) 89 12 98 00
Fax: (0 89) 8 11 29 89

Scripts for Sale
Literaturagentur Petra
Hermanns
Mainzer Landstr. 107
60329 Frankfurt/Main
Tel.: (0 69) 24 27 78 60
Fax: (0 69) 23 01 40

Weitere Jobs um die Verlage und um die Autoren herum

Webmaster

Die meisten Verlage betreuen ihre Homepage nicht selbst, sondern beauftragen externe Agenturen mit dem Aufbau und der kontinuierlichen Pflege der Seiten.

Korrektor

Meistens überprüfen externe Korrektoren im Auftrag des Verlags die Manuskripte auf Fehler in Orthographie und Interpunktion.

Scouts

Große Verlage verpflichten Scouts, die sich im Ausland (meist USA und England) auf die Suche nach erfolgversprechenden Titeln machen. Vor Ort sondieren sie die Lage und können so frühzeitig gute Projekte auftun.

6.

Die Medien

Lust und Frust durch Lob und Tadel kennt jeder seit seiner Kindheit. Zu sehen, dass auch große Schriftsteller der Kritik ausgesetzt sind, befriedigt ein Grundbedürfnis des Publikums. Und so gibt es Buchkritik, seit es Bücher gibt. Schon wer im alten Griechenland und zwischen den Säulengängen Roms dichtete, musste sich an den Regelwerken von Aristoteles und Horaz messen lassen. Zu einer eigenen Disziplin entwickelte sich die Literaturkritik jedoch erst später.

Nachdem bürgerliche Kreise vorzugsweise religiöse Schriften in unendlicher Wiederholung rezipierten, veränderte sich mit dem Bildungsideal der Aufklärung auch das Leseverhalten. Immer mehr Menschen bekamen Zugang zu immer mehr Wissen und Bildung. Wer Schritt halten wollte, kaufte im 18. Jahrhundert neben schöngeistiger Literatur jetzt Sachbücher, Nachschlagewerke und Lexika.

Dass Literatur für jedermann zugänglich wurde, brachte ein weiteres Phänomen mit sich: den Groschenroman. Um gute Bücher von billigen unterscheiden zu können, suchte man nach Orientierung – die Geburtsstunde der Literaturkritik.

Diese beschränkte sich nicht lange auf das Begutachten von Schriftstücken. Die Berichterstattung über Heinrich Heines langwierige Krankheit im französischen Exil war eine der ersten öffentlichkeitswirksamen Literatur- und Autorenvermarktungen. Die Human interest Story kam den sentimentalen Neigungen des Publikums entgegen, sodass Heines 1851 herausgegebene Gedichtsammlung *Romanzero* vor lauter Rührung vier Auflagen in zwei Monaten erlebte.

Ein eigenes Ressort für Literaturkritik fand sich im deutschsprachigen Raum zum ersten Mal 1931 als fester Bestandteil des *Nürnberger Correspondenten.* Bald hatte sich das Feuilleton im gesamten Zeitungswesen etabliert. Seitdem sind Namen wie Maximilian Harden, Kurt Tucholsky, Egon Erwin Kisch oder Alfred Polgar bekannt, später Joseph Roth und Dolf Sternberger. Inzwischen haben Kritiker, allen voran Marcel Reich-Ranicki und Hellmuth Karasek, eine Funktion, die weniger mit der kritischen Beurteilung von literarischen Werken zu tun hat. Sie gehören zum festen Inventar der Medienlandschaft. Was sie tun, mit wem sie sich streiten und warum, wird von der Öffentlichkeit interessiert verfolgt. Das bietet wiederum anderen Medien Stoff für die Berichterstattung: Über den öffentlichkeitswirksamen Verriss von Günter Grass' *Ein weites Feld* im Literarischen Quartett berichtete die Presse über 120 Mal.[11]

Feuilletonjournalist

»Zweck aller Stücke ist nur, von mir besprochen zu werden«, so Alfred Kerr, Theaterkritiker und Journalist im Berlin der Jahrhundertwende. Bescheidenheit war, wie Sie merken, nicht gerade seine Stärke. Aber mit Bescheidenheit verdienen Kritiker auch nicht ihr Geld. Eher mit Polarisierung, Spott, Verriss, Lobeshymnen und Beifall. Hauptaufgabe des Feuilletonjournalisten und Buchkritikers ist es, die Neugier des Publikums auf das Urteil von Fachleuten zu befriedigen.

Alexander Remler ist Fachmann für Belletristik bei der Tageszeitung *Berliner Morgenpost.* Am Tag nach seiner Magisterprüfung in Neuer Deutscher Literatur stand er bei der Tageszeitung auf der Matte. »Ich fühlte mich nun offiziell befähigt, Literatur zu beurteilen«, erzählt Remler. Heute weiß er: Ein guter Germanist ist noch lange kein guter Kritiker.

Trotzdem zeigte sich der Ressortleiter Feuilleton von Remlers Entschlossenheit beeindruckt und gab ihm eine Chance: Er sollte den soeben erschienen Thriller *Der Strand* von Alex Garland rezensieren.»Erst fand ich das ganz schrecklich: So frisch von der Uni und dann sollte ich ausgerechnet einen Krimi besprechen. Aber dann habe ich über 400 Seiten mit Begeisterung verschlungen.« Seither ist der Berliner nur noch selten ohne Buch anzutreffen. Ob in der U-Bahn, im Café oder im Schwimmbad:»Lesen und Kritiken schreiben kann man überall.«

Remlers Artikel beginnen in der Regel mit einem kurzen Abriss: Worum geht es in dem Buch? Wie ist der Stil? Was sind die Besonderheiten? Danach kommt die Kritik. Um sich eine Meinung zu bilden, wird das Buch zunächst eingeordnet.»Wenn ich weiß, um welches Genre es sich handelt, kann ich den Text abklopfen, ob er die dazugehörigen Bedingungen erfüllt.« In einem»Whodunnit«-Krimi beispielsweise müssen Spuren verwischt und falsche Fährten ausgelegt werden. In einer Biografie muss die Selbstwahrnehmung des Porträtierten mit der Sicht anderer verglichen werden. Klingt die Sprache der Dialoge echt? Werden die Orte des Geschehens lebendig? Wird mit Charakteren oder Klischees gearbeitet? Präsentiert das Buch Emotionen oder Kitsch?

Dabei kommt es im Feuilleton nicht darauf an, lediglich darüber zu befinden, ob die Bücher handwerklich stimmen.»Gute Bücher sind originell, radikal und kritisch, auf keinen Fall stromlinienförmig gedacht oder geschrieben. Am liebsten zeige ich etwas Besonderes, etwas Herausstechendes«, so Remler.

Um Texte einordnen zu können, ist es wichtig, sehr viel zu lesen, und zwar gute und schlechte Bücher, deutsche und nicht-deutsche, erfolgreiche und weniger erfolgreiche. Grundkenntnisse der Klassiker gehören ebenso dazu wie Noah Gordon, Johannes Mario Simmel und Joanne Rowling. Natürlich verfolgen Kritiker auch die Feuilletons anderer Zeitungen.»Es erscheint so viel, dass man nie alles lesen kann, sondern auch mal schaut, was die Kollegen gelesen haben und was die davon halten.«

Remler warnt jedoch dringend davor, einen Artikel aus anderen Beurteilungen und dem PR-Text zusammenzuschreiben.»Ein kritischer Leser merkt sofort, ob man sich mit dem Text auseinander gesetzt und Mut zur eigenen Meinung hat, oder ob man einfach nur anderen hinterherschreibt.« In der Literaturkritik ginge es ebenfalls nicht darum, lediglich eine Einschätzung darüber abzugeben, ob das Buch bei den Lesern und Leserinnen der Zeitung ankommt. »Das ist keine eigene Sicht, da kommt nur Wischiwaschi bei raus.«

Der Feuilletonjournalist schreibt nicht nur über aktuelle Bücher, sondern auch über die Entwicklung eines Autors. Er vergleicht das Buch mit vorangegangenen Werken (»Schreibt er schon wieder dasselbe?«) und mit anderen Autoren (»Schreibt er dasselbe wie alle anderen?«).

Kann negative Kritik dem Autor schaden? »Prinzipiell wird der Einfluss des Feuilletons überschätzt. Das Publikum hat seinen eigenen Geschmack«, so Remler. Am Beispiel von Günter Grass' *Ein weites Feld*, das auf dem *Spiegel*-Titel »zerrissen« und trotzdem laut Steidl Verlag 300 000 Mal verkauft wurde, könne man sehen, dass auch schlechte Kritik gute PR sein kann. »An einem Verriss scheiden sich die Geister, und der Autor kriegt viel mehr Aufmerksamkeit als bei guten Rezensionen.«

Neben den Artikeln über neue Romane, Kurzgeschichten, Erzählungen und Biografien führen Feuilletonredakteure Interviews mit Autoren und verfassen Schriftstellerporträts. Michael Crichton, Douglas Adams und Tanja Dückers hat Remler schon getroffen. Umberto Eco steht noch auf der Wunschliste.

Fernsehkritiker

Kein Buch über Bücher wäre komplett ohne einen Hinweis auf das Literarische Quartett. Keine andere Fernsehshow (geschweige denn eine Zeitung) hat einen vergleichbaren Einfluss auf die Diskussion um Literatur, die Prominenz von Autoren und den Erfolg von Büchern. Schriftsteller wie Cees Noteboom, Ruth Klüger und Javier Marias haben davon profitiert. In der Woche nach Besprechung von Alfred Kerrs *Wo liegt Berlin?* verkaufte der Verlag 30 000 Bücher. Das ZDF weiß um seine Macht und informiert den Buchhandel per Anzeige im *Börsenblatt* vier Wochen vor Ausstrahlung über die vorgestellten Bücher.

Interview

Hellmuth Karasek gehört zur ständigen Belegschaft des Literarischen Quartetts. Der promovierte Literaturwissenschaftler begann als Kritiker bei der *Stuttgarter Zeitung*, arbeitete bei *Zeit* und *Spiegel* und ist heute Mitherausgeber des *Berliner Tagesspiegels*. Wir haben kurz mit ihm über seinen Beruf gesprochen.

Frage: Wollten Sie immer Kritiker werden?
Karasek: Nein, ich hatte alle möglichen Berufswünsche. Am liebsten wäre ich wahrscheinlich ein guter Koch geworden.
Frage: Können Sie sich noch an Ihre erste Kritik erinnern?
Karasek: Das war bei der *Stuttgarter Zeitung* ein Sachbuch über Gangster.
Frage: Was muss ein guter Kritiker können?
Karasek: Viel lesen und gut schreiben, kritisch bleiben. Vor allem aber muss er ähnlich gestimmt sein wie sein Publikum und Literatur ähnlich aufnehmen.
Frage: Ist ein literaturwissenschaftliches Studium eher hilfreich oder eher hinderlich?
Karasek: Auf jeden Fall hilfreich. Aber dass es auch ohne geht, sieht man an Marcel Reich-Ranicki.
Frage: Wie unterscheidet sich Literaturkritik im Fernsehen vom Print?
Karasek: Zunächst einmal bleibt Kritik in jedem Medium Kritik. Die Bedingungen ändern sich aber, wenn in einer Runde diskutiert wird. Dann gibt es auf einmal Einwürfe, Fragen oder unerwartete Unterstützung. Manchmal bleibt erwartete Unterstützung aus. Das verlangt vom Fernsehkritiker mehr Spontaneität.
Frage: Was wünschen Sie sich von Nachwuchskritikern?
Karasek: Dass sie sich mehr Mühe geben zu überraschen. Schreiben Sie bloß nicht immer, was alle anderen auch schreiben. Kritik lebt auch von Originalität, neuen und ungewöhnlichen Blickwinkeln.

Branchenfachredakteur

Wer viel mit Büchern zu tun hat, braucht aktuelle und verlässliche Brancheninformationen: Buchhändler, Verleger und Verlagsleute, Bibliothekare, Autoren, Journalisten und alle anderen, die sich für Bücher als Kultur- und Wirtschaftsgut interessieren. Sie nutzen die Fachzeitschriften des Buchhandels, um sich über aktuelle Trends, Zahlen und Daten des Buchmarkts, personelle Veränderungen in der Verlagsbranche, Verkaufsschlager oder saisonale Schwerpunktthemen zu informieren.

Unter den rund 3 500 deutschsprachigen Fachzeitschriften finden sich sechs Publikationen für die Verlagsbranche. Das *Börsenblatt für den Deutschen Buchhandel* ist die bekannteste, älteste und mit einer Auflage von 13 000 Exemplaren größte Branchenzeitschrift.[12] Es erscheint zweimal wöchentlich.

Wie jede andere Zeitschrift wird ein Branchenmagazin von Journalisten gemacht. Recherchieren, Interviews führen, schreiben und redigieren gehören zum Alltag. »Außerdem muss man literatur- und sprachbegeistert sein, gern mit Texten arbeiten und vor allem den Ehrgeiz haben, das Blatt mit *guten* Texten zu füllen«, betont Stefan Hauck, Fachredakteur beim *Börsenblatt*. «Zur Not muss ich aus schlechten Texten gute machen können. Das gehört zum Metier«, fügt er hinzu.

Der Alltag eines Fachredakteurs für ein Branchenmagazin sieht »ziemlich stressig« aus, so Hauck. »Eigentlich braucht man sieben Hände und muss mehrere Sachen gleichzeitig machen können«, erklärt er. Da sei es wichtig, gelassen zu bleiben. »Wenn man sich und andere hektisch macht, entstehen bloß Fehler.«

Wie jeder der fünf Fachredakteure des *Börsenblatts* kümmert sich Hauck um ein Ressort: das *Magazin* des *Börsenblatts* mit Veranstaltungskalender, Seminarankündigungen, Informationen über Literaturpreise, Personalien und Literaturrätsel. Daneben betreut er die Fachbereiche Aus- und Weiterbildung und Sortiment. Hauck pflegt den Kontakt mit freien Mitarbeitern und Korrespondenten, sorgt dafür, dass Artikel rechtzeitig bei ihm eintreffen, kümmert sich um die Bildbeschaffung, redigiert Texte, verfasst selbst Artikel, lässt alles Fertiggestellte von der Textchefin absegnen und von den Korrektorinnen durchchecken. Er kommuniziert mit Buchhändlern und Verlagen und reist zu Tagungen, Messen und Verbandstreffen der Branche.

Durch das Informationsangebot der täglichen Pressemappen lernt ein Fachredakteur, Informationen schnell nach Relevanz und Aktualität auszuwählen und Texte »diagonal« zu lesen. Soziale Kompetenz ist darüber hinaus eine der wichtigsten Voraussetzungen für die Zusammenarbeit im Redaktionsteam, die Kommunikation mit den freien Mitarbeitern und den Umgang mit Verlagsmitarbeitern und Buchhändlern. Auch Engagement ist gefragt: Zu Messezeiten wird regelmäßig bis in die Nacht hinein gearbeitet.

Kann man als Branchenfachredakteur über den eigenen Lieblingsroman schreiben? Individuelle Vorlieben könne man ab und zu auch einbringen, erklärt Hauck. Ein echter Profi müsse allerdings leserorientiert denken und sich vorrangig auf die Ausgewogenheit und Qualität der jeweiligen Ausgabe konzentrieren. Er selbst hat Spaß daran, sich in immer neue Themen einzuarbeiten. Als Nächstes sind bei ihm Manga, die japanischen Comics, an der Reihe.

Info-Box

Zu den wichtigsten Branchenblättern gehören:

Börsenblatt für den
Deutschen Buchhandel
Großer Hirschgraben 17-21
60311 Frankfurt/Main
Tel.: (0 69) 1 30 60
Fax: (0 69) 28 99 86
www.boersenblatt.net

Buchreport
Harenberg Kommunikation
Königswall 21
44137 Dortmund
Tel.: (02 31) 9 05 60
Fax: (02 31) 9 05 61 10
www. buchreport.de

Buchjournal
Großer Hirschgraben 17-21
60311 Frankfurt/Main
Tel.: (069) 1 30 60
Fax: (069) 1 30 62 50
www.buchjournal.de

Buchhändler heute
Triltsch Verlag
Herzogstr. 53
40215 Düsseldorf
Tel.: (02 11) 38 63 60
Fax: (02 11) 3 86 36 13
www.triltschverlag.de

Buchmarkt
Sperberweg 4a
Tel.: (0 21 50) 91 91 15
Fax: (0 21 50) 91 91 91
www.buchmarkt.de

Onlineredakteur

Was passiert, wenn man www.literatur.de ins Internet eingibt? Man kommt auf die Seiten einer Onlinebuchhandlung. Dort kann man sich über Bücher informieren, probelesen, shoppen, an Gewinnspielen teilnehmen, Grußkarten und Blumensträuße verschicken und sich über das Unternehmen inklusive Börsengang informieren.

Doch damit sind die Möglichkeiten, die das Internet für Buchliebhaber bereithält, lange nicht ausgeschöpft. Die Berlinerin Anja Seeliger beispielsweise hatte eine andere Idee: Jeden Tag wird mehr Literaturkritik veröffentlicht als auch der fleißigste Bücherwurm lesen kann. Um hier zu helfen, gründete sie den Literaturkritikservice Perlentaucher.

Ursprünglich studierte Seeliger Jura. Während des Referendariats bot man ihr einen Platz an der Berliner Journalistenschule an. Sie schlug zu, »denn die ganze Paragraphen-Hin-und-Herschieberei hat mir eigentlich nie etwas bedeutet«. Sie machte ein Praktikum bei der *taz* – und blieb, weil ihr die flachen Hierarchien gefielen. Rund zehn Jahre arbeitete sie als freie Journalistin, schrieb für *taz*, *Tagesspiegel*, *Berliner Zeitung*, *Spiegel* und die *Vogue*. Ihre Themen: Kino, Theater, Bücher und Mode.

Im Laufe des Jahres 1999 entwickelte sie zusammen mit anderen Journalisten einen Plan: ein Kulturmagazin im Internet. »Aber nicht irgendeins, in dem zum hundertsten Mal der neue Stuckrad-Barre besprochen wird, sondern eins, das einen tatsächlichen Service für den Leser bietet.« Das Projekt Perlentaucher war geboren. Dort wird der deutsche Feuilletonbetrieb inklusive *FAZ*, *Neue*

Zürcher und *Zeit* täglich nach guten, wichtigen und interessanten Kritiken durchgesehen. Was am besten gefällt, kommt ins Netz. »Wer – außer Journalisten – liest schon fünf bis sechs Zeitungen am Tag? Und dann hat man immer haufenweise vergilbte Literaturbeilagen rumliegen, die man eigentlich noch lesen wollte und dann doch frustriert wegwirft«, erläutert die Onlineredakteurin ein verbreitetes Problem unter Bücherwürmern. Rund ein Jahr hat es gedauert, bis Seeligers Perlentaucher online gingen. Mit im Boot: Thierry Chervel, ehemaliger Redakteur der *Süddeutschen Zeitung*, Anjas Bruder Niclas Seeliger und eine Programmiererin. Jeden Tag scannen sie die Seiten des Feuilltons und halten Ausschau nach guten Artikeln. »Das Forum ist eine Schaltstelle für Literaturkritik. Wir servieren dem Leser das Wichtigste abrufbar im Netz.« Wer interessiert ist, könne so problemlos auf dem Laufenden bleiben. Natürlich sei perlentaucher.de auch für all diejenigen geeignet, die bei einem langweiligen Bürojob lieber von großer Literatur träumen und sich sinnvoll die Zeit vertreiben wollen.

Ein Arbeitstag beginnt für Seeliger morgens um sechs. Dann schaltet sie ihre beiden Computer ein. Die anderen Kollegen arbeiten von zu Hause aus. Bis neun Uhr müssen alle großen Zeitungen gesichtet sein. Daraus wird die Rubrik Heute in den Feuilletons, eine kommentierte Rundschau mit Links. Ab 14 Uhr ist *Die Bücherschau des Tages* mit resümierenden Notizen im Netz. Außerdem gibt es *Bücher der Saison, Briefe aus New York, Stockholm und Paris* und die legendäre *taz*-Kolumne *Vom Nachttisch geräumt* von Arno Widmann.

Doch Perlentaucher bietet noch mehr: Diskussionen und Saisonthemen wie die Zukunft des Gesellschaftsromans sowie die Suche nach Autoren und Büchern. »Bei uns gibt es ellenlange Linklisten zum Weiterlesen. Das könnte man in einer Zeitung gar nicht machen«, sagt Seeliger.

Das Angebot finanziert sich über Werbebanner. »Unsere Leser sind anspruchsvoll, oft Akademiker, eine gute Zielgruppe zum Beispiel für *Le Monde diplomatique* oder Verlage«, so Seeliger. Außerdem verkaufen die Perlentaucher ihre Buchnotizen an Onlinebookshops wie bol.de.

Die meisten Kritiken erscheinen donnerstags und samstags. Das sind die härtesten Tage für Seeliger, und die Perlentaucher müssen lesen, lesen, lesen. Dabei sei Literaturkritiken zu schreiben ihr immer schwer gefallen, sagt die Journalistin schulterzuckend, »dauernd dieses Nachblättern in Büchern.« Deshalb sei sie ganz froh, nur zu sichten, was andere geschrieben haben. Über die Zukunft macht sich Seeliger keine Sorgen. Das Konzept von perlentaucher.de sei in jedem beliebigen Rahmen ausbaubar, sagt sie, etwa mit internationalen Feuilletons oder einer wöchentlichen Zeitschriftenrundschau.

Info-Box

Perlentaucher erreichen Sie unter:

Perlentaucher Medien
Oldenburger Str. 33
10551 Berlin
Tel.: (0 30) 39 03 95 96
Fax: (0 30) 39 03 95 97
www.perlentaucher.de

Buchtipps

Buchtipps sind keine Kritiken. »Ich halte das für Zeitverschwendung, den Leuten ein Buch vorzustellen und dann zu sagen: Aber es ist schlecht«, erklärt Martina Hinz, freie Literaturjournalistin aus Berlin. Schließlich wolle sie den Leser zum Lesen verführen und nicht zur Germanistik.

Hinz arbeitet für Nachrichtenmagazine, Frauenzeitschriften und Fachblätter. Sie schreibt Autorenporträts und -interviews, Buchtipps und Trends (»Was bringt der Bücherherbst?«). Ihr Schwerpunkt ist E-Literatur mit Unterhaltungselementen. Unter anderem hat sie Bernhard Schlinks *Liebesfluchten*, Stewart O'Nans *Sommer der Züge*, Kevin Cantys *Into the Great Wide*

Open, Margriet de Moors *Die Verabredung* und Paula Fox' wiederentdecktes *Was am Ende bleibt* empfohlen.

Hinz ist vor allem an Debütanten interessiert. »Mir macht es Spaß, neue Autoren zu entdecken und dann ihren Weg zu verfolgen.« Die Berlinerinnen Thea Dorn, Terézia Mora und Julia Franck hat sie von Anfang an beobachtet. Auch Judith Herrmann mit *Sommerhaus, später* hatte sie lange vor der Besprechung im *Literarischen Quartett* den Zeitschriften als Porträt ans Herz gelegt. »Leider wollte sich keiner an einem No-Name die Finger verbrennen.«

Buchtipps zu machen ist richtig viel Arbeit. »Es kommen irrsinnig viele Bücher auf den Markt, das bedeutet für mich: 150 bis 200 Buchkataloge durchzusehen und nach interessanten Neuerscheinungen Ausschau zu halten«, so Hinz.

Die Arbeit beginnt auf der Buchmesse: Die Journalistin spricht mit den Presseleuten der Verlage, um herauszufinden, was für das nächste Programm geplant ist. Sie lässt sich Vor-Vorschauen zusenden, um gegebenenfalls die Fahnen anzufordern. »Ich lese erst mal fünfzig Seiten und entscheide, ob es sich lohnt weiterzulesen. Wenn ja, schlage ich das Buch einer Redaktion vor.« Dabei kann es passieren, dass sie nach weiteren fünfzig Seiten ihre Meinung ändert. »Wenn das Buch später nicht mehr hält, was ich mir davon versprochen habe, ziehe ich den Titel zurück und schlage einen anderen vor.« Schließlich stehe sie mit ihrem Namen für die Qualität der Empfehlung ein.

Neben den Buchtipps schreibt Hinz Autorenporträts. Dazu liest sie zunächst die Bücher, recherchiert in Archiven und im Internet nach Informationen über den Autor und schreibt ein Exposé. Wenn der Vorschlag aus der Redaktion kommt, erhält sie in der Regel auch Material dazu. »Man kann nicht einfach so in ein Interview gehen, da muss man sich vorher genau überlegen, was für eine Geschichte man haben will.« Mit Michael Crichton zum Beispiel sprach sie über Geld. »Man kann natürlich nicht immer nur das schreiben, was alle anderen auch schreiben, aber bei einem der reichsten Autoren der USA kommt man an der Frage einfach nicht vorbei.« Insgesamt findet Hinz amerikanische Autoren einfacher zu handhaben. »Manche deutschen Literaten haben einen unheimlichen Dünkel und halten sich für etwas ganz Besonderes. Sie tun furchtbar intellektuell und können trotzdem nicht gut erzählen.« Doch auch hierzulande würde es besser, da einige Autoren inzwischen von Agenten beraten werden.

Hinz schreibt auch Artikel über Trends. »Ich durchforste die Kataloge und beobachte die Aktivitäten der Verlage. Dabei fallen mir Dinge auf, zum Beispiel, dass es auf einmal viele Bücher mit Abenteuer, Seefahrt und Bergsteigen gibt oder dass das Thema Krankheit häufig auftaucht.« Dann recherchiert sie, um ihre Vermutung zu stützen. »Natürlich weiß keiner so recht, ob der Trend erst dadurch zustande kommt, dass jemand irgendetwas verkündet und deshalb alle Leute in den Buchladen laufen und entsprechende Bücher kaufen.« Manchmal rufen sogar Nachrichtenmagazine oder Fachblätter bei ihr an und fragen, ob sie nicht einen Trend weiß.

Hinz' journalistische Karriere begann bei einem Boulevardblatt. »Die haben mir nach dem Germanistikstudium erst mal beigebracht, kurze und knackige Sätze zu formulieren.« Später, bei einer Tageszeitung, habe sie dann wieder gelernt, etwas länger zu schreiben. Als ein neues Magazin auf den Markt kam, wurde sie Literaturredakteurin. »Ich hatte immer vor, mit Büchern Geld zu verdienen, aber es sollte trotzdem Spaß machen.« Ein Lektor beispielsweise müsse auf der Seite des Autors stehen, als Journalistin dagegen könne sie viel distanzierter und kritischer sein. Ein Job im Verlag wäre daher nicht attraktiv für sie.

Um Buchtipps zu schreiben, müsse man vor allem sehr viel lesen und nicht zu große Ehrfurcht vor den Autoren haben. »Die sind so normal wie andere Leute auch«, sagt Hinz. Man müsse Lust haben, sich intensiv auf Menschen vorzubereiten. Ein Literaturstudium dagegen helfe zwar für den Überblick, »aber eigentlich kann jeder normale Mensch beurteilen, ob ihm ein Buch gefällt oder nicht«.

Ansonsten helfe Geduld und Durchhaltevermögen. »Natürlich dauert das ein bisschen, bis man in die Szene kommt, und mit einigen Presseschnöseln in den Verlagen ist es auch nicht immer einfach.« Ab und zu schreibt Hinz über andere Dinge als nur Literatur. »Wenn ich einen Bericht über ein Mädchen im Rollstuhl oder ein Sektenopfer mache, dann holt mich das erst mal wieder aus den luftigen Sphären zurück.«

Buchbestsellerermittler

Natürlich weiß niemand so genau, wie viele Bücher wirklich verkauft werden. Die Verlage pokern mit ihren Titeln und Autoren, und auch Buchhändler pflegen ihre Vorlieben. Trotzdem: Was die Hitparade für den deutschen Schlager bedeutet, bietet die Bestsellerliste dem Literaturpublikum. Dabei gibt es die Charts für Bücher länger als die für Musik. Bereits 1895 führte sie der amerikanische Verleger Harry Thurston Peek für seine Zeitschrift *The Bookman* ein.

In Deutschland erschien erst 1972 die erste Bestsellerliste im *Spiegel*. Seitdem ermittelt der Dortmunder Branchendienst *Buchreport* in 220 ausgewählten und streng geheim gehaltenen kleinen, mittleren und großen Läden in unterschiedlich großen deutschen Städten. Aus den Faxangaben der Buchhändler über ihre Verkaufszahlen werden die meistgenannten ermittelt und die Top 15 im *Spiegel* abgedruckt.

Lange Zeit war die *Spiegel*-Bestsellerliste die einzige. Doch inzwischen hat nahezu jedes Magazin und jede Wochenzeitung eine eigene Liste. So auch der *Stern*. Diese wird zusammengestellt von der Agentur MediaControl, die auch für Schlagercharts, TV-Quoten und Kino zuständig ist und zahlreiche Musiksendungen mit Dieter »Thomas« Heck begleitet hat.

Ulrike Altig ist Geschäftsführerin beim größten Bestsellerlistenermittler in der Bundesrepublik. Als sie 1984 dort zu arbeiten begann, war ihre erste Amtshandlung, die Bestenliste für den *Stern* aufzubauen.

Anfangs reiste Altig persönlich zu den Buchhandlungen und erfasste anhand von Laufkarten die realen Verkäufe. Inzwischen werden die Daten weitgehend online ermittelt, die Kassen – zumindest in großen Buchhandlungen – sind direkt mit dem Zentralrechner in Baden-Baden verkabelt. Rund 400 ausgewählte Buchhändler liefern ihre Daten für die Auswertung. Aus diesem Material formulieren die Marktforscher, Statistiker und Computerfachleute die Trendcharts und Statistiken, die schnellstmöglich an die Verlage weitergegeben werden.

In Altigs Team arbeiten studierte Statistiker, aber auch Betriebswirte, Verwaltungsleute und Quereinsteiger. »Für eine solche Arbeit braucht man vor allem ein Faible für Zahlen und Strukturen«, so die Geschäftsführerin. Obwohl vieles vom Computer errechnet wird, dürfe man keine Angst vor Mathematik und Formeln haben. Sie selbst studierte Psychologie, »das ist so was Ähnliches wie Statistik. Den Rest kann man sich im Job aneignen.«

Die zusammengetragenen Daten sind Woche für Woche in den Zeitungen und Magazinen zu lesen. Und so wie externe Agenturen die Einschaltquoten vom Vortag an die Fernsehsender übermitteln, können Verlage sich auch über die Buchverkäufe täglich neu informieren. Per speziellem Zugang ins Internet können Verkaufszahlen von einzelnen Titeln oder Autoren, beispielsweise nach einem Fernsehauftritt oder einer Anzeigenkampagne, abgefragt werden.

Info-Box

Spezialisten für Medienanalysen sind zum Beispiel:

Media-Control	Buchreport
76520 Baden-Baden	Königswall 21
Tel.: (0 72 21) 3 66 02	44137 Dortmund
Fax: (0 72 21) 36 62 99	Tel.: (02 31) 9 05 62 10
www.media-control.de	Fax: (02 31) 9 05 61 11
	www.buchreport.de

Schriftstellerfotograf

Wenn die *Süddeutsche Zeitung* von einem »begnadeten Berichterstatter aus dem Inneren unseres Landes« und der *Express* von einer »schreibenden Ein-Mann-Boygroup« spricht, wenn der *Prinz* gar einen »neuen Kafka« wittert, dann weiß man: Hier geht es um die Popstars der Branche, in diesem Fall um Benjamin von Stuckrad-Barre. Seine Tournee führte im Herbst 2000 durch immerhin 26 Städte. Früher hieß so etwas Lesereise.

Doch was wäre ein Popstar ohne Fotos? Um die Gesichter der Schreiber und Schreiberinnen auf die Schutzumschläge der Bücher, auf Marketingartikeln wie Poster für Lesungen oder Displays für den Buchhandel und natürlich in die Presse zu bringen, werden Fotografen engagiert, die sich auf den Berufsstand Schriftsteller spezialisiert haben.

Interview

Die Münchnerin Isolde Ohlbaum ist die erfolgreichste deutsche Schriftstellerfotografin.

Frage: Wie wird man Schriftstellerfotografin?

Ohlbaum: So etwas kann kein verfolgtes Ziel sein. Da ich nach meiner Ausbildung den Begriff der Schriftstellerfotografie gar nicht kannte. Ich habe einige Jahre journalistisch gearbeitet und erst Ende der siebziger Jahre Porträts von Schriftstellern gemacht. Ich denke, es waren die Bedürfnisse des Marktes. Erst Anfang der achtziger Jahre haben Verlage verstärkt mit Autorenfotos gearbeitet. Auf früheren Büchern gibt es gar keine. Das hat erst angefangen, nachdem Schauspieler ihre Memoiren schrieben. Da gab es plötzlich Buchwerbung sogar auf Litfaßsäulen.

Frage: Haben Sie eine Ausbildung als Fotografin?

Ohlbaum: Ja, eine abgebrochene sechswöchige Lehre und eine zweijährige Ausbildung an der Bayerischen Staatslehranstalt für Fotografie.

Frage: Welche Fähigkeiten braucht man für diesen Beruf?

Ohlbaum: Wenn ich das wüsste! Ich bin Menschen gegenüber oftmals sehr ungeduldig, doch nicht, wenn ich eine bestimmte Vorstellung von einem Foto habe, dann könnte man das Gegenteil denken. Ich kann mich zurücknehmen, kann improvisieren, habe eine gewisse Flexibilität. Disziplin ist wichtig und ein Hang zum Perfektionismus. Damit stehe ich mir allerdings manchmal im Wege oder gelte dann als schwierig, weil ich bestimmte Ansprüche habe. Meine Messlatte liegt ziemlich hoch.

Frage: Welche Chancen haben Autodidakten?

Ohlbaum: Es hat mich nie jemand nach meiner Ausbildung gefragt.

Frage: Wollten Sie selbst je schreiben?

Ohlbaum: Nein. Dann wäre ich wohl nicht Fotografin geworden.

Frage: Hat sich der Beruf verändert?

Ohlbaum: Die Termine werden immer kurzfristiger. Redakteure denken nicht einmal mehr über den Tag hinaus. Das war früher noch etwas anders. Ich werde nie begreifen, warum ein Literaturredakteur, der eine Rezension in Auftrag gibt, das Foto dazu erst bestellt, wenn die Rezension sozusagen zum Druck bereit auf dem Tisch liegt. Wochen- und Monatszeitungen arbeiten wie Tageszeitungen. Das ist absurd.

Frage: Was raten Sie jungen Leuten?

Ohlbaum: Ich kann nicht raten. Ich weiß nicht, wie es ist, wenn jemand heute den Beruf ergreifen will. Mir hat seinerzeit auch niemand Ratschläge geben können. Irgendwie wusste ich aber, dass das mein Beruf ist. Ein Tipp: arbeiten, arbeiten, arbeiten.

Frage: Was sind die Vorteile Ihres Berufs?

Ohlbaum: Ich arbeite für mich und kann mir manchmal den Tag einteilen. Und ich bin inzwischen in der Position, dass ich Aufträge ablehnen kann. Außerdem finde ich meine Arbeit noch immer aufregend. Allerdings hat man nie das Gefühl, alles erledigt zu haben; man ist niemals fertig.

Frage: Gibt es Vorgaben für Ihre Arbeit? Was ist Ihnen wichtig bei der Arbeit?

Ohlbaum: Vorgaben gibt es selten. Kürzlich brauchte ein Verlag ein Bild für eine Doppelseite. Also weiß man, dass man mehr querformatig arbeiten muss. Ansonsten mag ich Vorgaben nicht, sie engen ein. Ich versuche etwas von der Person zu zeigen, wie sie mir in einem bestimmten Moment, einer bestimmten Situation begegnet ist. Wie ich sie sehen konnte, gesehen habe. Mehr kann ich nicht wollen. Wenn andere diese Person – und die Person sich selbst – in den Fotos erkennen können, so ist das schon sehr viel.

Frage: Wie läuft die typische Fotoaufnahme ab?

Ohlbaum: Mein kürzester Fototermin war auf zehn Minuten begrenzt. Ich hatte keine Uhr dabei und dachte nach zwei Minuten, die Zeit wäre bereits abgelaufen. Also waren diese zehn Minuten erstaunlich lang. Ich kann nicht sagen, eine halbe Stunde wäre besser oder eine Stunde. Es kommt ganz auf die Situation an. Schön ist es, wenn es keine Begrenzung gibt, sich ein Gespräch, eine Begegnung entwickeln kann. Aber stundenlange Fototermine finde ich ermüdend für beide Seiten. Meine Fototermine sind hauptsächlich Gespräche. Das Fotografieren selbst braucht wenig Zeit.

Frage: Einige Schriftsteller sind blitzlichtscheu ...

Ohlbaum: Ich blitze grundsätzlich nicht. Porträtieren hat auch mit Vertrauen zu tun. Man liefert sich der Sehweise des anderen aus. Ich denke, dass ich mir im Lauf der Jahre Vertrauen erarbeitet habe, und jeder weiß, dass ich keine diskriminierenden Fotos mache. Meine Fototermine werden nicht als unangenehm empfunden. Aber da müssten Sie vielleicht die Betroffenen fragen.

Frage: Haben Sie auch ein normales Leben?

Ohlbaum: Wenn ich nicht reisen will, nehme ich einen Auftrag nicht an. Was ist überhaupt ein normales Leben? Hätte ich ein normales Leben gewollt, würde ich ein normales Leben führen. Und vermutlich wäre ich dann nicht Fotografin geworden.

Info-Box

Fotograf ist eigentlich ein Handwerksberuf, der nach drei Lehrjahren mit der Gesellenprüfung abgeschlossen wird (Infos gibt es bei den Industrie- und Handelskammern). Es ist aber auch möglich, eine Berufsfachschule oder eine Kunsthochschule zu besuchen.

Eine Liste mit Ausbildungsstätten gibt es in dem Buch *Fotografie Studium in Deutschland*, zu bestellen über:

Deutsche Gesellschaft für
Photographie
Overstolzenhaus
Rheingasse 8-12
50676 Köln
Tel.: (02 21) 9 23 20 69
Fax: (02 21) 9 23 20 70

Ausbildungen bieten beispielsweise:

Heinz-Bindseil-Akademie	Lette Verein Berlin
Langenfelder Str. 93	Viktoria-Luise-Platz 6
22769 Hamburg	10777 Berlin
Tel.: (0 40) 8 50 46 43	Tel.: (0 30) 21 99 41 31
Fax: (0 40) 8 51 43 78	Fax: (0 30) 21 99 42 41
	www.b.shuttle.de/b/
	lette-tbf/lette.html

Weitere Jobs mit Büchern und Medien

Amazon-Kritiker

Ein guter Einstiegsjob ins Geschäft: Amazon und andere Internetbuchhandlungen präsentieren auf ihren Seiten auch Kritiken.

Moderator

Literatur findet nicht nur im Printbereich statt. Bücher werden auch in Kulturmagazinen in Radio und Fernsehen vorgestellt. Dort arbeiten Redakteure, freie Autoren und Moderatoren.

Literaturredakteur bei Fachzeitschriften

Seit Herbst 2000 erscheint monatlich die Zeitschrift *Literaturen*, die ausdrücklich Nachwuchskritikern eine Chance geben will. Weitere Fachzeitschriften finden sich in Unibibliotheken und unter www.carpe.com/ligatur/lad_zslist.html.

7.
Bücher drucken und verkaufen

Der gemeine Tutor tabernae ist ein Vertreter der Spezies Hartnack (Gattung der Zeitlosen, Familie der Immrigen). Sein Lebensraum sind trockene, halbdunkle Räume ohne Luftzufuhr, seine Nahrung findet er in Staub und Nichtbeachtung. Einmal bezogenes Gebiet verlässt er nur in Ausnahmefällen.

An die jeweilige Umgebung angepasst, ist dieser Vertreter der Hartnacks ein Meister der Tarnung und Unauffälligkeit. Selbst potenzielle Feinde, die zufällig in seine Nähe geraten, nehmen nur selten Witterung auf. Eine Ausnahme bildet hier der natürliche Feind des Tutors, der Velle vendito. Zielsicher spürt dieser seine Beute auch im dichtesten Blattgestrüpp auf. Hilfreich sind dabei Sensoren, die speziell auf den Geruch von Moder reagieren.

Hat der Velle vendito einen Tutor tabernae einmal entdeckt, so zerrt er ihn gnadenlos ans Licht. Danach dauert es bei geschickter Platzierung meist nicht lange, bis der Hartnack dem gierigen Konsumverhalten seiner Feinde zum Opfer fällt.

Haben Sie ihn erkannt, unseren Tutor tabernae, im gemeinen Volksmund auch Ladenhüter genannt? Es gibt ihn übrigens in allen Sparten und Varianten: Einige tragen ganz deutliche Gattungsmerkmale, wie etwa das gebundene *Jahrbuch des Näh- und Häkelvereins Sofafreude* oder *Opa Willis Badetipps*. Andere sind schon heimtückischer und schwerer zu finden, etwa die, die attraktiven Inhalte hinter einem schnöden Cover verbergen.

Doch wo die Tutoren unserer Zeit auch stecken mögen, unermüdlich Suchende haben sich zum Ziel gesetzt, dieser Gattung ein für alle Mal den Garaus zu machen: die Velle venditos. Ihre Mittel heißen Verkaufsstrategie, Präsentation, Information und Kundenbetreuung. Sie lassen nichts unversucht, um schon die Fortpflanzung des gemeinen Ladenhüters unmöglich zu machen: Sie rühren die Werbetrommel, organisieren Lesungen, konsultieren Trendcharts und Statistiken, machen die Recherche zum Lokaltermin und wickeln die Menschen mit einem Lächeln um den Finger. Die Velle venditos: die, die verkaufen wollen.

Buchhändler

Eine schöne Buchhandlung ist nicht einfach ein Geschäft mit Büchern drin. Eine schöne Buchhandlung lädt zum Probelesen ein. Man greift nach Romanen, um eine spannende Heldin zu entdecken, nach Krimis, um sich von Verbrechen fesseln zu lassen, dann schlendert man weiter zur Liebeslyrik, träumt, stolpert über die Biografie eines Jugendidols und findet sich unverhofft in thailändischer Küche wieder. Danach lässt man sich die Sternkonstellation seiner Geburtsstunde deuten, kann in der Psychoecke von den Schrecken pränataler Prägung erfahren und sich kurz vor dem Kassenendspurt noch im Netz der Taschenkalender und Reiseführer verfangen.

Und nachher steht man mit frischer Beute auf der Straße und freut sich noch einmal kurz über die vielfältigen Anregungen und darüber, dass man aus dem Chaos der Eindrücke keine Ordnung schaffen muss. Den Überblick, den sollen andere behalten.

Zum Beispiel Sophie Westphal. Sie arbeitet in einer angesehenen Hamburger Buchhandlung mit einer Fachabteilung Jura. Dort begann sie ihre Buchhändlerlehre, nachdem sie ihr Geschichts- und Volkskundestudium entnervt geschmissen hatte. »Ich wollte nicht mehr länger in muffigen Bibliotheken über Mittelalter-Urkunden grübeln und mich von verklemmten Kommilitonen mit Mundgeruch ansprechen lassen«, erklärt sie ihren Wechsel.

Westphal sattelte um auf Buchhändlerin. »Für die Arbeit waren meine Kenntnisse aus dem Studium natürlich sehr hilfreich, aber man kann das auch ohne akademischen Hintergrund gut hinkriegen.« Wer gern und viel liest, könne dieses Interesse voll in den Beruf einbringen. Die Lust an Literatur sei ihr dadurch bislang nicht vergangen – eher im Gegenteil. »Es ist schon toll, dauernd zu lesen und dann weiterempfehlen zu können.« Allerdings habe sie schnell gemerkt, dass die meisten Kunden nach leichter Kost verlangen. »Nur wenigen kann ich wirklich schöne Sachen verkaufen und mit Fachwissen glänzen. Dann macht es auch dem Kunden Spaß, mit mir über Bücher zu diskutieren.« Ansonsten reiche ein gesundes Halbwissen. Und mit der Zeit habe sie sich sogar in den Spezialbereich Jura einarbeiten können, »auch wenn ich bei den Paragraphen anfangs nur Bahnhof verstand«.

Über Neuerscheinungen informiert sich die Buchhändlerin per Vertreter. »Die kommen und beraten einen, was in das Sortiment der Buchhandlung passt.« Vorab-Leseexemplare von erfolgversprechenden Autoren sind begehrt. »Die werden dann zwischen den Kollegen herumgereicht. Leider kann man vieles nur schnell überfliegen, einfach um einen Eindruck von dem Buch zu bekommen«, so Westphal.

Mit Lesen allein ist der Job allerdings nicht getan. Manchmal muss sie im Laden mit anpacken, wenn es gilt, Bücherkisten ein- und auszupacken oder den Laden, das Schaufenster und die Büchertische zu dekorieren. »Da kommen mir meine künstlerischen Fähigkeiten zugute, denn ich habe schon immer gerne gemalt, gebastelt und das Ladenschaufenster meines Onkels gestaltet.« Am wichtigsten sei jedoch Menschenkenntnis und ein gewisses Einfühlungsvermögen im Umgang mit den Kunden. »Letztendlich habe ich in erster Linie mit Menschen und nicht mit Büchern zu tun. Da muss man sich auch mal zurücknehmen können.« Wenn Westphal jemandem ein Buch empfehlen konnte, macht sie das sehr zufrieden. »Dann habe ich abends das Gefühl, etwas Nützliches und Schönes getan zu haben.«

Ein Job in der Buchhandlung bietet einen unkomplizierten Einstieg in die Branche. Neben den gelernten Buchhändlern finden sich zahlreiche Quereinsteiger, vor allem in großen Läden wie Gonski, Kiepert, Hugendubel und Dussmann. Hier lernt man, wie das Verlagsgeschäft funktioniert, eignet sich Wissen über Autoren, Verlage und ihre Programme an und lernt vor allem eins: Bücher zu verkaufen. Eine gute Grundlage für nahezu alle Jobs der Branche.

Info-Box

Buchhändler ist ein Ausbildungsberuf. Die Ausbildung dauert in der Regel drei Jahre, kann aber unter bestimmten Voraussetzungen auf zwei Jahre reduziert werden. Fortbildungsseminare und Weiterbildungen bieten beispielsweise

Die Schulen des Deutschen
Buchhandels
Wilhelmshöher Str. 283
60389 Frankfurt/Main
Tel.: (0 69) 9 47 40 00
Fax: (0 69) 94 74 00 50
buchhaendlerschule@bhv.de
www.buchhandel.de/schulen

Akademie des Deutschen
Buchhandels
Salvatorplatz 1
80333 München
Tel.: (0 89) 29 19 53 61
Fax: (0 89) 2 91 95 36 98
www.buchhandel.de

Angegliedert an die Schulen des Deutschen Buchhandels ist die Fachschule des Deutschen Buchhandels für den mittleren Führungsnachwuchs; Absolventen können sich hier als Assistent im Buchhandel qualifizieren. Danach kann das Deutsche Buchhändler-Seminar besucht werden, das Führungskräfte ausbildet.

Prospekte über Ausbildungsmöglichkeiten im Buchhandel gibt es bei:

Börsenverein des Deutschen Buchhandels
Abt. Berufsbildung
Großer Hirschgraben 17-21
60311 Frankfurt/Main
Tel.: (069) 1 30 60
Fax: (069) 1 30 62 01
www.boersenverein.de

Miniaturbuchhändler

Das Spiel mit den Dimensionen – die eigenen Körpergröße im Verhältnis zur Umwelt – beflügelt seit langem die Fantasie der Menschheit. Märchen von Riesen und Zwergen, die Geschichte von Alice im Wunderland oder Baron von Münchhausen zeugen davon. Mit den Dimensionen der Alltagswelt spielen Miniaturbücher. Die Leserin kann sich für einen kurzen Moment fühlen wie Gulliver im Lande Liliput. Vielleicht sind die winzigen Bücher deshalb für viele so verlockend: Auch Erwachsene können einen wunderlichen, märchenhaften Augenblick erleben.

Miniaturbücher gibt es seit Erfindung des Buchdrucks. Ihr inhaltliches Spektrum spiegelt die Vielfalt der Themen in der normalen Buchwelt wider. Dabei stellen solche Miniaturen besonders hohe Anforderungen an die Buchmacherkunst. Wie Miniaturporträts sind die aus edlen Materialien gefertigten Miniaturbücher wertvolle Geschenke und Sammlerobjekte. Gleichzeitig stand auch immer ein praktischer Aspekt im Vordergrund: Subversive religiöse oder politische Botschaften konnte man in der Miniversion sicherer und unauffälliger bei sich tragen und unter die Leute bringen.

Literatur, Politik, Witze, christliche Texte, Erotika oder das Grundgesetz als Minibuch für den Bildungs- und Unterhaltungshappen zwischendurch – was klein und gut verstaubar ist, passt zum Zeitgeist wie handtellerkleine Handys, zusammenklappbare Kickboards, Miniradios oder MP3-Player, Stadtzeitungen und Flyer im Pocketformat.

Im deutschsprachigen Raum gilt als Miniaturbuch, was das Format von 10 x 10 Zentimetern nicht überschreitet.[13] Drei Miniaturbuchvereine dienen Sammlern bundesweit als Forum.

Falk Thielicke aus Hohen-Neuendorf auf Rügen hat sein exklusives Hobby zum Beruf gemacht. Eigentlich ist er Betriebswirt und gelernter Schlosser. Bis 1994 war er in der Metallindustrie tätig. Als sein Unternehmen in Konkurs ging, wurde er zunächst Handelsvertreter für die Metallbranche, nahm jedoch bald auch seine Minibücher mit auf Reisen. Seit 1998 kann Thielicke vom Buchverkauf leben. »Man muss vor allen Dingen viel lesen, damit man den Leuten sagen kann, was in den kleinen Büchern steht«, erklärt der Kaufmann, der von Juni bis September durch die Lande reist, um seine Ware unters Volk zu bringen. In Ferienanlagen, Einkaufscentern, auf Märkten oder in Hotelanlagen baut Thielicke seine Stände auf. Etwa 500 Titel hat er im Angebot. Das sind 80 Prozent des Gesamtaufkommens an neu verlegten Miniaturbüchern in Deutschland.

Als Reisender in Sachen Miniaturbuch muss Thielicke seine Kontakte pflegen – zu den Verlagen und vor allem zu den Kunden. Das Vertrauen der Käufer ist die Basis für seinen Erfolg. Thielicke fällt dazu das chinesische Sprichwort ein: »Wer kein fröhliches Gesicht hat, sollte kein Geschäft aufmachen.« Kommunikation ist also gefragt. Zeitlich flexibel müsse er ebenfalls sein, ein Zehn-bis-zwölf-Stunden-Tag ist keine Seltenheit.

Zusätzlich zu den Verkaufsständen bietet Thielicke seinen Kunden auch eine Wanderausstellung mit wertvollen Privatdrucken und Faksimileausgaben von alten Miniaturbüchern. »Es macht Spaß, Leute für das Miniaturbuch zu begeistern«, schwärmt er. »Anderen Menschen das eigene Hobby nahe zu bringen, zu sehen, wie auch bei ihnen die Sammlerleidenschaft geweckt wird, das macht für mich den Reiz dieses Berufs aus.«

Info-Box

Infos und Kontakt:

Falk Thielicke Miniaturbuch-
handlung
Birkenwerder Straße 52b
16540 Hohen-Neuendorf
Tel.: (0 33 03) 40 59 11
Fax: (0 33 03) 40 59 11

Freundeskreis Miniaturbuch
c/o Prof. Dr. Heinz Schmidt
Höchste Straße 16
10249 Berlin
Tel.: (0 30) 2 47 89 91
www.minibuch-berlin.de

Sammlerkreis Miniaturbuch
c/o Heinz Müller
Adalbert-Stifter-Straße 8/22
70437 Stuttgart
Tel.: (07 00) 18 08 30 00
Fax: (0 79) 39 99 03 19
www.miniaturbuch.de

Schacks Miniaturbuch
Burnaische Str. 130
04279 Leipzig
Tel.: (03 41) 3 38 46 93
Fax: (03 41) 3 38 46 92

Verlagsvertreter

Die Wege von neuen Manuskripten sind weit: Sie gehen vom Autor zum Lektor, manchmal auch zum Herausgeber, nach dem Lektorat an die Autoren zurück und schließlich in die Herstellung, die Druckerei und die Auslieferung. Um die Bücher von dort in die Regale des Buchhandels zu schaffen, gibt es Verlagsvertreter. Und von denen soll hier die Rede sein.

Zweimal im Jahr erhalten die Vertreter Informationen über das nächste Programm, darunter Leseproben von neuen, vielversprechenden Büchern und Angaben zu einzelnen Autoren. Dann lädt der Verlag zur Vertreterkonferenz, auf der die neuen Bücher präsentiert werden. Die Vertreter kommentieren: Stimmt der Titel? Passen Cover und Aufmachung? Ist der Preis angemessen? Mit welchen Argumenten kann der Buchhandel überzeugt werden?

Die Einschätzung der Vertreter zählt in der Verlagswelt viel, schließlich sind diese an der Verkaufsfront tätig. Daher wird so manches Buchkonzept, manches Cover nach der Vertretersitzung noch einmal umgekrempelt. »Je länger man sich kennt, desto mehr kann man sich gegenseitig unterstützen. Manchmal nehme ich verschiedene Cover mit in den Buchhandel und frage nach, welches die Händler favorisieren«, erzählt Ralf Schmidtmann, Verlagsvertreter von Econ Ullstein List.

Nach der Vertreterkonferenz beginnt die eigentliche Arbeit des Vertreters. Er macht sich auf die Reise: Anfang Januar bis Ostern auf Frühjahrsreise, Juni bis September auf Sommer- oder Herbstreise. Dort stellt er den Buchhändlern die neuen Titel vor.

Vertreter besuchen auf ihren Reisen durchschnittlich vier Buchhandlungen pro Tag. In den kleinen Läden ist der Inhaber, die Inhaberin Gesprächspartner, in großen Buchhandlungen sind mehrere Einkäufer für die einzelnen Teilbereiche des Sortiments zuständig. »Letztendlich haben aber fast alle denselben Hintergrund. Das ist nicht so wie im Kaufhaus, wo einer Socken verkauft und der andere Fernseher. Wer einmal mit Bücher zu tun hat, bleibt meistens dabei«, erklärt Schmidtmann.

Die meisten Vertreter repräsentieren mehrere Verlage, manche sind fest angestellt, viele arbeiten frei. Einige haben sich auf Warenhäuser spezialisiert, die andere Bedürfnisse als Buchhandlungen haben. Dort werden in der Hauptsache Taschenbücher und populäre Bestseller angeboten. Schmidtmann genießt den persönlichen Kontakt mit den Buchhändlern:»Am meisten Spaß macht die Plauderei über neue Tendenzen auf dem Buchmarkt, was in ist und was out, über Nachwuchstalente, Geheimtipps, die letzte Folge des *Literarischen Quartetts* und über allgemeinen Szenetratsch.« Und der Düsseldorfer ergänzt:»Viele denken, Vertreter sein hätte etwas mit Klinkenputzen zu tun. Bei uns ist es aber eher so, dass Buchhändler und Vertreter sich beide auf den Termin freuen.«

Je länger man zusammenarbeitet, desto mehr wird gemeinsam überlegt, welche Titel für die Buchhandlung eingekauft werden sollen.»Ich bin dann nicht mehr Buchverkäufer, sondern Berater. Da kann ich dann auch schon mal sagen, was meiner Ansicht nach gut ist und was nichts taugt«, beschreibt Schmidtmann seine Arbeit.»Wichtig ist, dass man schnell kapiert, was für einen Typ man vor sich hat und dann flexibel reagieren kann.« Gern mit Menschen zu tun zu haben hält er denn auch für die wichtigste Voraussetzung für den Job:»Wer morgens schon denkt: ›Oje, heute sehe ich wieder den alten Giftzwerg oder die blöde Nervensäge‹, der sollte sich lieber nach einem anderen Beruf umschauen.«

Antiquar

Während der normale Buchverkäufer sein Angebot gemütlich aus den Verlagskatalogen auswählen kann, muss der Antiquar neue Ware in Kellern aufspüren, an Wohnungsauflösungen teilnehmen, auf dem Trödelmarkt nach kleinen Kostbarkeiten suchen und gute Kontakte zu Vielesern unterhalten.

Wenn das Telefon klingelt und eine dünne Stimme am anderen Ende»schöne alte Bücher« anbietet, erwacht in Michael Schrottmeyer das Jagdfieber. Ob es sich nur um Arztromane handelt oder vielleicht doch um ledergebundene Erstausgaben? Meist steigt der gebürtige Österreicher gleich in seinen Kombi und fährt los, um zu überprüfen, was sich in Kellern mit verstaubten Regalen oder in der edlen Bibliothek des Anrufers verbirgt.

Oft genug trifft Schrottmeyer zwischen den Seiten auf echte Bücherwürmer oder Kellerasseln. Manchmal aber landet er einen Volltreffer: Bücher, die gut erhalten sind und sich schnell mit Gewinn wieder verkaufen lassen. Dann muss er gute Bandscheiben beweisen und die Bananenkisten voller Literatur abtransportieren. Die Konkurrenz schläft nicht und Schrottmeyers Laden hat pro Woche einen Durchlauf von mehreren Zentnern Bücher. Zusätzlich verkauft er alte Broschüren, Grafiken, Plakate und andere Zeitzeugnisse aus Papier.

In den siebziger Jahren schossen Antiquariate wie Pilze aus dem Boden, in denen sich Studenten mit billigen, gebrauchten Büchern eindeckten. Doch nicht nur die Preise waren niedriger, auch die Atmosphäre war oft freundlicher und persönlicher als im herkömmlichen Buchladen oder gar im Kaufhaus.

Schrottmeyers Shop im Berliner Bezirk Friedrichshain ist längst Treffpunkt unterschiedlichster Buchfans geworden: der bibliophile Alt-68er, der Schnäppchen-Jäger und der Student, der ein bisschen über junge Literatur philosophieren will – sie alle kommen ins Antiquariat. Schrottmeyer bietet jedem Kunden einen Kaffee an, sofern welcher da ist. Der Laden ist mehr als ein Bücherlager und Schrottmeyer ist mehr als ein Bücherverkäufer, für viele seiner Kunden nämlich ein guter Bekannter. Da wird stundenlang über Sonderausgaben gefachsimpelt und eine Fadenbindung begutachtet. »Antiquar wird man nicht von Beruf, Antiquar zu sein ist eine Lebensweise«, kommentiert Schrottmeyer und ergänzt: »Reich wird man davon nicht so schnell, aber glücklich.«

Die meisten Antiquare haben sich ihr Wissen über den Handel mit Büchern selbst beigebracht. In Katalogen und im Internet kann man Preise recherchieren, ein Grundwissen eignet man sich im täglichen Geschäft rasch an. Und: »Am meisten lernt man von seinen Kunden, und zwar täglich«, so Schrottmeyer. Er ist mittlerweile so weit, dass er einen Taxierungsservice für Leute anbietet, die ihre Bestände oder einzelne Werke schätzen lassen wollen.

Dabei hat alles als Nebenerwerb im Studium angefangen: Schrottmeyer finanzierte sich das teure Leben in Wien mit dem

Verkauf von Büchern, die er aus dem Altpapier fischte und auf dem Flohmarkt mit guter Rendite verkaufte. Nach Abschluss seines Geologiestudiums machte er sich als Antiquar selbstständig. »Kein Nine-to-five-Job, aber ich bin mein eigener Herr und kann mir meine Arbeit einteilen, wie es mir passt.«

Neben seinem festen Geschäft hat er Stände auf Trödelmärkten mit einem breiten Spektrum an Literatur: von wertvollen alten Märchenbüchern für mehrere Tausend Euro bis zu verramschten Taschenbüchern für ein paar Groschen. Das Angebot ist so vielfältig wie die Nachfrage und die Kunden. Das sei das Spannende an dem Beruf: Jeder Mensch und jedes Buch ist anders.

Zwischenbuchhändler

Die richtige Ware zum richtigen Zeitpunkt in der richtigen Menge in einem riesigen Lager zu haben ist Aufgabe des Zwischenbuchhändlers. Damit der Kunde quasi über Nacht zu seinem Buch kommt, bestellen die Buchhandlungen nicht direkt beim Verlag, sondern bei einem Großhändler, in der Buchbranche Barsortimenter, Zwischenbuchhändler oder Grossist genannt. Dieser sorgt mit einem gut bestückten Lager und einem schnellen Abwicklungssystem für eine Auslieferung binnen 24 Stunden. »Von der Logistik her ist das nichts anderes als bei Schrauben und Muttern auch«, sagt Rainer Siemers, Einkaufsleiter beim Hamburger Grossisten Lingenbrink (Libri). »Es ist eine Dienstleistung an unserem Kunden, dem Buchhandel.«

Damit nicht die falschen Bücher zum falschen Zeitpunkt auf Lager sind, braucht Siemers gute Kenntnisse von Markt und Trend. »Ich muss mich stets auf dem Laufenden halten: Welche Bücher sind gefragt? Welches Thema ist gerade aktuell? Was wird der Kunde vermutlich demnächst im Laden verlangen?« Dazu beobachtet Siemers Medien, besucht Buchmessen und hält Kontakt zu Verlagen. Libri hat rund 300 000 lieferbare deutschsprachige Titel im Angebot, die ausschließlich an Buchhandlungen ausgeliefert werden. Das Programm bietet außerdem französische, spanische, englische und amerikanische Bücher. Verkaufte Exemplare werden nachbestellt, Remittenden an die Verlage zurückgeschickt.

Die Einkäufer der Grossisten entscheiden auch darüber, welche Bücher ins Barsortiment aufgenommen werden. Bei Libri sind das etwa drei Viertel der jährlich rund 80 000 neu erscheinenden Titel. »Die Kunst dabei ist, die richtigen drei Viertel aufzunehmen«, sagt Siemers. Ohne Kenntnis der Inhalte funktioniere das nicht. »Man muss sich mit dem Produkt auseinander setzen. Wenn ich Strumpf-großhändler wäre, würde ich ebenfalls jeden Tag eine neue Sorte tragen und mir abends überlegen, was daran gut oder was schlecht war, und ob ich den Socken eine Chance gebe.« Daher erhalten Grossisten alle wichtigen Informationen zu den Büchern von den Verlagen.

Viele Mitarbeiter eines Grossisten kommen aus dem Bucheinzel-handel. Siemers aber ist Betriebswirt und darüber auch froh: »Mein wirtschaftswissenschaftlicher Hintergrund hilft mir sehr, da die Buchpreisbindung schon eine Herausforderung darstellt.« Ne-ben der Pharmaindustrie ist der Buchhandel die einzige Branche, in der der Hersteller die Preise festlegt. Wenn Lohn- und Betriebs-kosten steigen, kann Siemers nicht einfach mit Preiserhöhungen reagieren. Hier ist sein Wissen und Können als Betriebswirt ge-fragt. »Das ist der Punkt, der meinen Beruf so interessant macht – hier bin ich Kostenmanager in besonderer Mission.«

Info-Box

Zwischenbuchhändler in Deutschland:

Libri	Umbreit
Stresemannstr. 300	Mundelsheimer Str. 3
22761 Hamburg	74321 Bietigheim-Bissingen
Tel.: (0 40) 85 39 80	Tel.: (0 71 42) 59 60
Fax: (0 40) 85 39 82 99	Fax: (0 71 42) 59 61 99
www.libri.de – mit dem Link	
»Jobs bei libri.de«	

Koch, Neff & Oetinger
Schockenriedstr. 37
70565 Stuttgart
Tel.: (0711) 78600
Fax: (0711) 7860 28 00
www.kno.de

Barsortiment Wehling
Friedrich-Hagemann-Str. 62
33719 Bielefeld
Tel.: (0521) 9 20 60
Fax: (0521) 9 20 63 33
www.wehlingbuch.de

Wilhelm Könemann
Delsterner Str. 92
58091 Hagen
Tel.: (02331) 78 90
Fax: (02331) 7 89 50
www.koenemann.de

Books on Demand

Nicht alle Verlage können über Jahrzehnte hinweg die kompletten Werke ihrer Autoren auf Lager halten. In vielen Fällen ist das auch gar nicht nötig, weil irgendwann die Nachfrage versiegt. Was aber tun bei Autoren, die über lange Zeit erfolgreich sind, nach deren Werken es also eine konstante Nachfrage gibt – nach den alten Titeln allerdings auf recht niedrigem Niveau?

Auflagen unter 3 000 Stück verursachen unverhältnismäßig hohe Produktionskosten und erhöhen damit den Verkaufspreis. Um das Problem zu lösen, entwickeln Hardwareunternehmen wie IBM und Xerox Druckmaschinen, die Books on Demand, also auf Abruf herstellen, wenn ein Server Manuskript und Satz gespeichert hat. Auf diese Weise können Backlisttitel unkompliziert und als Einzelexemplare produziert werden.

Der Vorteil: Der Titel ist in Barsortiment und Internet gelistet wie jedes gedruckte Buch (mit dem Hinweis BOD). Die Lagerkosten entfallen, ebenso das Risiko des Verlags, auf einem Berg nichtverkaufter Bücher sitzen zu bleiben.

Books on Demand ist auch für Hobbyautoren interessant. Für verhältnismäßig niedrige Kosten kann jeder und jede ein Buch produzieren, ohne bei Verlagen Klinken putzen zu gehen. Kleinauflagen von zweihundert oder weniger sind möglich.»Wir betreuen den Autor von der Manuskriptabgabe an«, sagt Ralf Bürse, Teamleiter Buchbetreuung bei Libri Books on Demand.

Wenn die Datei noch nicht fertig gesetzt vorliegt, muss der Text zunächst verarbeitet beziehungsweise das Manuskript eingescannt werden. Der Autor erhält zwei Referenzexemplare für die Druckfreigabe. Dann liegt das Buch digital vor und wird, wenn eine Bestellung eingeht, innerhalb weniger Stunden gedruckt, gebunden und ausgeliefert.»Es ist hauptsächlich kaufmännisches Arbeiten«, sagt Bürse,»ich muss Angebote schreiben und den gesamten Ablauf koordinieren.« Ein reiner Schreibtischjob ist es aber nicht:»Ich muss auch in die Technik und schauen, warum dies oder jenes nicht funktioniert.«

Ganz stressfrei ist diese Tätigkeit naturgemäß nicht.»Zu den Buchmessen in Frankfurt und Leipzig werden auf einmal Bücher bestellt, die schon seit Jahren keiner mehr kaufen wollte. Und zu Weihnachten wollen die meisten Autoren die ganze Verwandtschaft mit einem Werk beglücken.« Wer nicht belastbar ist, sollte das Books on Demand-Geschäft daher meiden. Ebenso, wer nicht damit fertig wird, dass Autoren auch einmal ungehalten sind.

Neben einer kaufmännischen Ausbildung und technischem Verständnis im Bereich Automatisierung und Datenverwaltung empfiehlt Bürse daher vor allem Menschenkenntnis:»Man muss erkennen, wo beim Autor das Problem liegt. Und das ist am Telefon besonders schwer, weil man da allein auf die Stimme reagieren muss.« Gerade Laien, die ein Buch veröffentlichen möchten, seien keine einfache Klientel.»Für viele ist das Buch wie ein Kind. Und ich gebe Geburtshilfe. Einige sind ungeduldig, andere geduldig, manche sind schwierig.«

Bürse war früher im Pressegroßhandel tätig, möchte aber nicht mehr zurück:»Wir beschäftigen uns hier mit Dingen, die es vorher nicht gab. Es ist faszinierend zu sehen, wie das wächst.« Im Herbst 2000 waren etwa 3 000 Bücher bei Libri Books on Demand erschienen, monatlich kommen etwa 200 neue dazu.

Vertriebsberatung

Bücher kauft man in der Buchhandlung oder im Internet, so denkt man. Aber Bücher werden auch im Spielwarenhandel, in Zeitungsverlagshäusern, in Möbelgeschäften und im Umfeld von Sehenswürdigkeiten angeboten. In großen Haushaltsläden stehen Kochbücher neben Porzellan und anderen meist hochwertigen Haushaltsartikeln. Themenbezogene Bücher gibt es im Gartencenter und im Weinhandel. Auch Tchibo, die Post und Reisebüros verkaufen Bücher.

Die Verlagsbranche entdeckt derzeit die Vertriebsmöglichkeiten jenseits des Buchhandels. Eine, die sich auskennt und als freie Vertriebsberaterin ihr Wissen und ihre Kontakte zur Verfügung stellt, ist Henrike Hagedorn aus Bruckberg bei München. Sie konzipiert Vertriebsstrategien und setzt sie um. »Ich muss mir überlegen, welches Thema für welche Zielgruppe interessant ist und wie ein Buch im Handel eine möglichst hohe Präsenz bekommt.«

Alles fing mit einer Selbstbeobachtung an: »Ich habe mich gefragt, wie mein eigenes Kaufverhalten ist. Wo habe ich was gekauft?« Dabei fiel ihr auf, dass viele Bücher gar nicht aus der Buchhandlung stammten: ein Buch über Austern aus dem Delikatessenladen, eine Sammlung von Reisekurzgeschichten von der Tankstelle und ein Bändchen über Zigarren aus einem Kaffeehaus.

Warum noch neue Vertriebswege auftun, wenn man sich jedes Buch übers Internet bestellen kann? »Für viele Buchkäufer und Buchliebhaber zählt immer noch das haptische Erlebnis oder das Schmökern in Büchern«, erklärt Hagedorn. Die Leser wollen anfassen, blättern und dabei Appetit aufs Lesen kriegen. Spezielle Fachbücher und wissenschaftliche Literatur dagegen würde man sich schon eher online und »ohne Kauferlebnis« besorgen.

Andere Branchen bieten ihre Produkte längst breiter an: CDs, Software und Videos gibt es an der Tankstelle, Computer und Faxgeräte im Supermarkt. Meistens bedeuten diese neuen Vertriebswege keine Konkurrenz zum klassischen Fachhandel, sondern ein zusätzliches Geschäft. »Man muss sich anschauen, wo die Leute hingehen, und ihnen dann drei Schritte entgegenkommen,« so Hagedorn.

Um ein Buch außerhalb des Buchladens zu platzieren, müssen Ausstattung, Inhalt und Preis zur Zielgruppe passen. Dabei ist die

Zusammenarbeit mit branchenfremden Anbietern nicht immer einfach. »Man braucht einen langen Atem, aber es gibt immer wieder Sternstunden, die es wert sind.« Als Beispiel gibt sie das Kinderbuch *Der Klavierling* von Lotte Kinskofer. Die Handlung: Im Klavier der kleinen Daniela wohnt ein Klavierling, der sich von Tönen ernährt, indem er falsche durch richtige austauscht. Damit er nicht verhungert, muss Daniela besonders viel üben, obwohl sie eigentlich viel lieber Saxophon spielen würde.

Hagedorn arrangierte Lesungen in Musikschulen und Pianohäusern, bei denen zwischen den Kapiteln Kinder Klavier spielten. Das kam bei Geschäftsleitung und Publikum so gut an, dass über 60 Häuser Veranstaltungen mit der Autorin buchten. »Eine unbekannte Autorin in einem unbekannten Verlag geht bei den vielen Kinderbüchern ganz schnell unter,« so Hagedorn. Durch ihre Strategie verkaufte *Der Klavierling* mehr Exemplare über die Pianohäuser als über den Buchhandel. Inzwischen ist ein Filmvertrag unterschrieben.

Hagedorn hat ihr Handwerk von der Pieke auf gelernt, ist ausgebildete Sortimentsbuchhändlerin, hat lange Jahre in einer Verlagsauslieferung zuletzt als Assistentin der Geschäftsführung gearbeitet, ehe sie dann für zwei Jahre als Verkaufs- und Auslieferungsleiterin in die Schweiz ging. Nach Stationen in den Vertriebs- und Marketingabteilungen bei Gräfe und Unzer und Zabert Sandmann machte sie sich selbstständig. Die jahrelange Berufserfahrung und die zahlreichen Kontakte zu Verlagen, Vertretern und Vertriebskollegen sind heute ihr Kapital. Ihre Motivation: »Die Vielseitigkeit und die sich ständig wandelnden Anforderungen«, so die Vertriebsspezialistin. Und natürlich der Kontakt zu anderen Bücherwürmern.

Info-Box

Henrike Hagedorn Vertriebsberatung
Buchenstr. 14
84079 Bruckberg
Tel.: (0 87 65) 92 04 93
Fax: (0 87 65) 92 04 95
hagedornvb@aol.com

Buchbinder

Ohne Einband wäre selbst große Literatur nur eine Sammlung loser Blätter. Daraus ein »Werk« zu machen, ist Aufgabe des Buchbinders. Buchbinder binden Bücher, reparieren beschädigte Bände, restaurieren wertvolle antiquarische Bücher, gestalten individuelle Einbände, rahmen Bilder und fertigen Kassetten, Schuber, Präsentationsmappen, Etuis und Koffer. Dabei arbeiten sie mit einer Vielzahl unterschiedlicher Materialien: Papiere, Pappen, Pergament, Folien, Leder, Stoffe, Metall und Plexiglas. Sie beherrschen unterschiedliche Bindetechniken und wissen, welche Klebstoffe für die verschiedenen Materialien geeignet sind. Neben der Herstellung von Büchern werden Examensarbeiten, Zeitschriften, Broschüren, Liebesbriefe oder andere Privatdrucke gebunden.

Die Buchbinderei ist ein Handwerk. Doch das Klischee vom schweigsamen Handwerker, der allein in seiner Werkstatt vor sich hinwurschtelt, hat mit der Realität wenig zu tun. »Wir reden sehr viel und lange mit unseren Kunden, um erst einmal herauszufinden, welche Vorstellungen sie haben und welches Design und Material dazu passt«, sagt Ria Tiemeyer, Buchbindermeisterin in Berlin. Manche Vorstellungen ließen sich einfach nicht verwirklichen. Dann heißt es: Alternativvorschläge entwickeln und den Kunden überzeugen.

Um Kunden zu gewinnen und zu behalten, braucht man vor allem gute kommunikative Fähigkeiten und Spaß am Umgang mit Menschen. Darüber hinaus sind Computer- und Englischkenntnisse für die Buchbinderei gefragt, da viele Fachbegriffe der Zunft direkt aus dem Englischen übernommen werden.

Auch klassische Handwerkstugenden sind gefragt: ein gutes räumliches Vorstellungsvermögen, Geduld und keine Angst vor Zahlen, Messen und Berechnen. Bei reizvollen Aufträgen, die hohe Anforderungen an die eigene Kreativität stellen, dauert die Vorbereitung des Materials – die Vorrichtung – oft wesentlich länger als die eigentliche Arbeit. Präzision ist dabei unerlässlich: Trotz vieler Wiederholungen muss ein Buchbinder immer hochkonzentriert arbeiten können.

Tiemeyer hat sich nach dem Abitur für das Buchbindehandwerk entschieden um gleichzeitig handwerklich und künstlerisch tätig sein zu können. »Wer die eigene Kreativität in diesen Beruf einbringen will, muss allerdings hartnäckig sein und sich auch mal durchbeißen können«, betont sie. Etwa 1 200 Buchbinderfachwerkstätten gibt es in der Bundesrepublik.[14] Pro Jahr lassen sich etwa 500 Lehrlinge zu Buchbindern mit Schwerpunkt Einzelfertigung oder Serienfertigung ausbilden. »Sie müssen den Meister mit dem Lasso einfangen und sich alles beibringen lassen«, rät Tiemeyer, »nur so können Sie optimal von der Ausbildung profitieren und sich später Ihren eigenen Weg bahnen.«

Wer sich selbstständig machen will, kann nach der Ausbildung den Meistertitel erwerben. Jobs für ausgebildete Buchbinder gibt es darüber hinaus im öffentlichen Dienst (Bibliotheken), in sozialen Einrichtungen, in der industriellen Buchbinderei, in der Druckindustrie und Papierverarbeitung. Eine Weiterbildung zum Restaurator im Handwerk ist möglich. Wer die Hochschul- oder Fachhochschulreife mitbringt, kann sich durch ein Studium zum Diplom-Restaurator beziehungsweise zum Diplom-Ingenieur in der Papier- oder Druckereitechnik qualifizieren.

Info-Box

Überbetriebliche Lehrgänge und Kurse bieten:

Bund deutscher Buchbinder- Innungen Heinrichsallee 72 52062 Aachen Tel.: (02 41) 53 27 09 Fax: (02 41) 50 90 80 www.buchbindehandwerk.de	Buchbinder-Colleg Krefelder Str. 14 70376 Stuttgart Tel.: (07 11) 54 45 34 Fax: (07 11) 55 77 10 Buchbinder-Colleg@t-online.de

Bildungs- und Begegnungsstätte
der Handwerkskammer Berlin
Dahlemer Weg 40-44
14167 Berlin
Tel.: (0 30) 81 07 08 10
Fax: (0 30) 81 07 08 17

Hersteller

Um aus einem Manuskript ein Buch zu machen, braucht es nicht nur einen passenden Einband, der die Kunden hoffentlich zum Kauf bewegt. Das Erscheinungsbild wird auch geprägt von einer Schrift, die angenehm und gut lesbar sein sollte, von der Seitenaufteilung mit Rändern, grafischen Elementen, Seiten- und Zwischenüberschriften, lebendigen Fotos und Illustrationen. Dafür sind Setzer, Drucker und Layouter zuständig, und einer, der alles koordiniert: der Hersteller.

Oder die Herstellerin, wie im Fall von Tatiana Wagenbach-Stephan aus Zürich. Vor zwanzig Jahren, als sie im Verlag anfing, war sie noch eine der ganz wenigen Frauen in diesem Beruf. »Wir haben viel mit Technik zu tun«, sagt sie, »vermutlich hat man das damals den Frauen nicht so zugetraut.«

Große Verlage beschäftigen eigene Hersteller, kleine arbeiten mit Freien. Wagenbach-Stephan betreut für sieben Verlage im Schnitt dreißig bis fünfzig Bücher pro Jahr. »Aber wenn ein größerer Brocken dabei ist, können es auch mal nur zehn sein.« Sie weiß von Kollegen, die Taschenbuchreihen im Verlag machen und dabei zehn Titel im Monat schaffen. »Aber da stehen Gestaltung und Ausstattung von vornherein fest«, kommentiert sie die Fließbandarbeit im allmonatlichem Auslieferungsstress.

Eins der drei zentralen Arbeitsfelder von Herstellern ist die Gestaltung. Das bedeutet: Format, Umschlagbilder- und farben, Typographie, also Schriften und Ränder festzulegen. Dabei geht es nicht allein um Ästhetik – schon bei diesen Überlegungen spielt das zweite Arbeitsfeld eine Rolle: das Kaufmännische. Wie viele Druckseiten aus einem Manuskript am Ende werden, hängt auch von Schrift und Schriftgröße ab. Da geht es darum, möglichst viele Seiten auf einen Druckbogen zu bekommen und den Verschnitt möglichst gering zu halten. Sparsamkeit ist geboten, daher kennt sich der Hersteller mit den Drucktechniken verschiedener Druckereien aus und weiß, welche für die verwendete Papiersorten und das Format am günstigsten ist.

Der dritte Aufgabenbereich des Herstellers ist die Technik. Wagenbach-Stephan, gelernte Verlagskauffrau, hat zweimal sechs

Monate in Druckereien verbracht, um Möglichkeiten und Tücken der Drucktechnik kennen zu lernen. Die Buchproduktion läuft fast immer unter Zeitdruck ab, da das gesamte Programm der Verlage zu festgelegten Auslieferungsterminen erscheint. Die Auslieferung für das Frühjahrsprogramm liegt branchenweit zumeist im Februar und im März, die Termine für den Herbst im August und im September. Aufgabe des Herstellers ist es daher, den Druck so gründlich wie möglich vorzubereiten. Auch in der Drucktechnik ist durch die Digitalisierung vieles in Bewegung geraten. »Die Technik ändert sich ständig, und als Einzelkämpferin macht es viel Arbeit, auf dem Laufenden zu bleiben.« Dafür kann sich Wagenbach-Stephan für manche Projekte mehr Zeit nehmen. Als freie Herstellerin berät sie die Verlage meist von Anfang an. »Die kommen schon mit der Idee zu mir. Und ich kann dann gleich Einfluss nehmen, auf das Format, auf die Papierauswahl, selbst auf die Frage der Illustrationen.« Die Zürcherin konzipiert die Gestaltung, ermittelt die Kosten für unterschiedliche Konzepte, sorgt (wenn nötig) für die Digitalisierung des Manuskripts, entwirft und setzt Buchumschläge. Angelieferte Druckdaten müssen kontrolliert, Kostenvoranschläge und Rechnungen geprüft, Termine eingeholt und abgestimmt werden. »Ich erledige die ganze Buchproduktion bis zur Auslieferung und Endkontrolle der Rechnung.«

Herstellung ist eine Art Anlernberuf, für den sich Menschen mit Verlags- und Druckerfahrung eignen. Heute teilen sich in den Verlagen oftmals Spezialisten den Herstellungsbereich auf. Die einen halten Kontakt zu Lektoren, Titelgestaltern, Setzern, andere kümmern sich um die Druckvorbereitung und den Materialeinkauf. Wieder andere übernehmen den betriebswirtschaftlichen Bereich, kaufen Papier ein, manchmal schon Monate vor der eigentlichen Produktion. »Die Papierpreise sind eine Wissenschaft für sich«, sagt Hartmut Orschel, Allrounder in einem kleinen Berliner Verlag. »Es gibt dauernd Innovationen, neue Qualitäten, und die Preise können sich monatlich ändern. Manchmal hat eine Druckerei seit Wochen billig auf Lager, was ich suche, während die andere das Gleiche teuer einkaufen muss.« Dann heißt es für den Hersteller: zum Hörer greifen und recherchieren.

Info-Box

Die Kunst des Buchdrucks lernt man beispielsweise hier:

Hochschule für Grafik und
Buchkunst Leipzig
Wächterstr. 11
04107 Leipzig
Tel.: (03 41) 2 13 50
Fax: (03 41 2 13 51 66
www.hgb-leipzig.de

Hochschule für Druck und
Medien
Nobelstr. 10
70569 Stuttgart
Tel.: (07 11) 6 85 28 07
Fax: (07 11) 6 85 66 50
www.hdm-stuttgart.de

Seminare für Herstellung und Gestaltung gibt es unter anderem bei der

Akademie des Deutschen Buchhandels
Salvatorplatz 1
80333 München
Tel.: (089) 2 91 95 30
Fax: (089) 29 19 53 69
www.buchakademie.de

Weitere Jobs im Bereich Bücher drucken und verkaufen

Drucker

Nach dem Meißeln in Stein und Malen auf Papyrus werden Bücher heute gedruckt. In Druckereien arbeiten ausgebildete Drucker und Ingenieure für Drucktechnik.

Messepersonal

Auf den Buchmessen in Leipzig und Frankfurt präsentieren sich die Verlage mit ihrem neuen Programm. Dabei werden sie von Standpersonal unterstützt. Eine gute Möglichkeit, um erste Kontakte in die Branche zu bekommen.

Internetbuchhändler

Die großen der Branche sind amazon und bol. Klein, aber fein: Kohlibri. Hier wird nicht nur programmiert, sondern auch rezensiert und beworben, organisiert und verlinkt (www.amazon.de, www.bol.de, www.kohlibri.de). Weitere Buchhändler im World Wide Web: booxtra.de, mediantes.de, buch.de.

8.

Sonstiges

Der zuständige Beamte steht zum ersten Mal im Arbeitszimmer des Opfers. Man kennt ihn aus dem Kapitel davor: Berger, untersetzt, rotgesichtig, blond mit beginnender Glatze. Gerade noch stand er auf der Wache. Jetzt hier. Als Motiv für den Mord kommt vieles infrage: Neid, Hass, Liebe, Eifersucht, Macht, Geld. Das Opfer war, was man ein renommiertes und respektables Mitglied der Gesellschaft nennt: offiziell geachtet und geliebt, erfolgreich und bekannt; hinter die Fassade schaute keiner. Das ist jetzt Aufgabe von Kommissar Berger.

Doch wo anfangen? Der Beamte zwirbelt die Schnurrbartenden und lässt den Blick von der Tür aus über den Raum schweifen. Das Zimmer ist von peinlicher Ordnung. Geradeaus gewährt eine Glasfront Blick auf die gegenüberliegenden Bürogebäude, rechts davon ist die Wand weiß geblieben, geschmückt von der schwarz gerahmten Luftaufnahme einer Treppe. Italien, vielleicht.

Mitten im Raum steht der Schreibtisch: Auf der gläsernen Platte liegen drei Stifte und ein Lineal in perfekter Parallele zur Schreibunterlage, Computer und Drucker säuberlich unter Plastik verpackt. Darunter ein Schubladenschrank. Berger durchquert in drei Schritten den Raum und lässt sich auf dem ledernen Drehstuhl nieder. Die Rollen haben feste Plätze, sitzen in drei tiefen Kuhlen im Teppichboden.

Berger zumindest braucht ein Weiterkommen. Es eilt. Wer immer der Täter ist, die Zeit arbeitet für ihn. Der Beamte überfliegt die Aufschriften der Schubladen: Rechnungen, Kundenkartei, Pressekontakte, Internes. Vier sauber gedruckte Aufschriften. Die fünfte Schublade ohne. Zu deren Griff wandert Bergers Hand, er öffnet sie, blickt hinein und die Züge unter dem blonden Schnurrbart entspannen sich ein wenig. Was er sieht: Unordnung. Was er denkt: Kategorie *Sonstiges* – Fundgrube für Extravaganzen und Besonderes. Hoffnung auf einen Anhaltspunkt.

Literaturreiseführer

Die beste Bildung findet ein gescheiter Mensch auf Reisen, sagte sich Johann Wolfgang von Goethe und machte sich auf den Weg, unter anderem nach Italien. Mit Erfolg, wie man weiß. Damit ein Ausflug sich nicht auf touristische Attraktionen und ausgetrampelte Pfade beschränkt, vertrauen sich Reisende einem Führer an. Viele haben ein Spezialgebiet: Kölsch in Köln, Geister in Edinburgh oder Verbrechen in Chicago.

Auf jüdische Literatur hat sich Iris Weiss in Berlin spezialisiert. Sie bietet 22 verschiedene Rundgänge und -fahrten durch die Hauptstadt an, darunter eine S-Bahnfahrt mit Gedichten zu den Lebensorten der Lyrikerin Mascha Kaléko vom Scheunenviertel nach Charlottenburg. Oder Führungen zu jüdischen Autorinnen wie Else Ury, Inge Deutschkron und Judith Kerr.

Iris Weiss hat einen hohen Anspruch an sich und ihre Führungen: »Es sind etwa hundert Stunden Vorarbeit für eine Tour, ich suche in Archiven nach Informationen und interviewe Zeitzeugen«, sagt sie. Ihre Gruppen sind etwa zwanzig bis dreißig Teilnehmer stark. »Da kann man keine schnelle Mark machen«, sagt Weiss. »Man muss sich das über die Zeit aufbauen.« In den letzten sechs Jahren hatte sie fast 10 000 Teilnehmer. Nebenher ist sie als Journalistin tätig und macht Bildungsarbeit. »Vormittags treffe ich die Gruppen, mache die Führung, meist wollen die dann noch essen gehen und reden – und danach bin ich fertig.«

Als Stadtführer in Sachen Literatur benötigt man ein gutes und interessantes Wissen über Autoren und Autorinnen, ihre Werke und Biografien inklusive Anekdoten und Tratsch. Außerdem muss man sich auf die unterschiedlichen Level der Gruppen einstellen können.

Und auf die Bedingungen der Umwelt: »Gestern noch hast Du Deinen Leuten etwas gezeigt, und heute steht schon ein Bagger da. Man darf nicht vergessen: Es ist ein Job auf der Straße«, so Weiss. Am liebsten macht die Stadtführerin zwei bis drei Führungen pro Woche. »Das ist ein anspruchsvoller Job: Was die Gruppe wissen will, was die Teilnehmer an Zuwendung brauchen, manchmal muss ich Vorwissen gerade rücken, ohne sie zu brüskieren.« Zuweilen wird die Stadtführung dann zu einem Crashkurs in Sachen Judentum. »Dann erkläre ich den Leuten erst mal, was koscheres Essen ist.«

Eine Stadtführung bedeutet für sie nicht, dass man von einem Ort zum anderen zieht. »Es geht vielmehr darum, eine Gesprächsatmosphäre zu schaffen, der Gruppe Dinge zu erschließen vor dem Hintergrund, den die Teilnehmer mitbringen.« Das ist eine besondere Aufgabe für die studierte Sozialwissenschaftlerin, die während des Studiums in einem Museumspädagogischen Zentrum gearbeitet hat. Dort lernte sie das Vermitteln von Inhalten, ansonsten sei sie ein pädagogisches Naturtalent.

Literarische Touren gibt es nicht nur durch Städte, sondern auch als mehrwöchige Reise: Mit Autor xyz durch ..., Auf den Spuren von ... Um ein Gefühl für den Job zu entwickeln lohnt es sich, an verschiedenen literarischen Führungen teilzunehmen.

Info-Box

Die größte Interessenvertretung und Infostelle ist der

Bundesverband der Gästeführer in Deutschland
Klingenteich 6 c
69117 Heidelberg
Tel.: (0 62 21) 16 02 42
Fax: (0 62 21) 2 97 04
www.bvgd.de/kontakt.html

Der BVGD kann Kontakt zu über 50 regionalen Vereinen in Deutschland herstellen. Darüber hinaus bietet der Verband Versicherungsschutz mit einer beruflichen Haftpflicht sowie einer Unfallversicherung und Berufsunfähigkeitszusatzversicherung.

Comiczeichner

Ein buddhistischer Mönch kommt zu seinem Lehrer und berichtet von seinen Sorgen. Der Meister lacht. Verstimmt verlässt ihn der Schüler, kommt jedoch nach einiger Zeit wieder, denn die Sorgen sind drängender geworden. Der Meister lacht lauter. Lacht fröhlich. Wütend geht der Schüler diesmal. Doch die Sorgen werden übermächtig und er wagt es ein drittes Mal. Wieder lacht der Meister. Laut. Unbändig beinahe. Wieder fröhlich. Da lacht der Schüler mit.

Humor und ein Sinn für das Absurde sind für manche Menschen eine Frage der Einstellung. Andere haben es zur Profession gemacht. So wie Philipp Heinisch, der seinen Beruf als Strafverteidiger an den Nagel hängte, um Comics, Karikaturen und Titelbilder für Juristenzeitungen wie das *Berliner Anwaltsblatt* zu zeichnen.

Seine neue Karriere begann Heinisch bei Berlins alternativem Stadtmagazin *zitty.* »Ich war immer Autodidakt und habe schon als kleiner Junge lieber gemalt als mit Lego gespielt«, erzählt er. Doch nach dem Abitur wollten die Eltern, dass der Sohn etwas Vernünftiges lernt. So ging er Jura studieren und wurde Rechtsanwalt. Eben bis zu seinem vierzigsten Lebensjahr. Dann hatte er genug von Paragraphen und Roben. »Von da an malte und zeichnete ich wie ein Besessener von morgens bis abends.«

Er begann für Kalender- und Postkartenverlage zu arbeiten und entwarf die Karten für ein Ärzte- und ein Juristenskatspiel. Dem Verleger gefiel es so gut, dass er Heinisch einen Comic vorschlug, der die Juristerei auf die Schippe nimmt. »Ich war sofort Feuer und Flamme«, erzählt er.

Mit einem juristischen Kollegen, dem Texter und Journalisten Michael Schmuck, setzte er sich zusammen, um einen Plot zu ersinnen. Beide kennen die Juristenszene in- und auswendig und bringen die Geschichten rund um den Gerichtssaal aus eigener Erfahrung zu Papier. Mittlerweile ist der dritte Comic vollendet. *Zäune, Zoff und falsche Zeugen* lautet der Titel, und die Geschichte dreht sich um Nachbarschaftsstreit. »Ein unerschöpflicher Quell für juristische Arbeit«, kommentiert Heinisch.

Zielscheibe ihrer Witze ist häufig die Juristensprache. In einer Szene im Gerichtssaal heißt es »Der Führer eines Kraftfahrzeuges war infolge des Genusses alkoholischer Getränke nicht mehr in der Lage, sein Fahrzeug sicher zu führen, was darin zum Ausdruck kam, dass er eine fremde Sache von bedeutendem Wert, eine Laterne, gefährdete, hier sogar beschädigte« statt schlicht und einfach »Der Mann fuhr besoffen gegen den Baum.«

Wenn sich Texter und Zeichner geeinigt haben, wie die Geschichte aussehen soll, setzt sich Heinisch an seinen Zeichentisch und fängt an. »Insgesamt brauche ich ein halbes Jahr für einen Comic – wenn ich fleißig bin. Sonst dauert es länger. Denn jedes Bild ist eine Wahnsinnsarbeit.« Manche Zeichner arbeiten daher mit Helfern, die die Bilder kolorieren.

Wer alles selbst macht, braucht vor allem ein Auge für schöne Farben und Liebe zum Detail. Heinisch – selbst Hobbymaler – erklärt: »Ein Bild muss man wie einen Blumenstrauß zusammenstellen. Da lässt man auch mal Sachen ins Bild einfließen, die eigentlich nicht direkt zur Geschichte gehören.« In einem Band zum Beispiel liegt auf der Kirchenbank mal ein Handy, mal ein Gesetzbuch herum, in einem anderen taucht häufig ein Mann auf, der immer nur den Satz »Das ist ja eine unglaubliche Ungerechtigkeit« sagt. Solche Running Gags müssten sein, damit man sich den Comic immer wieder anschaut.

Witzig zu sein und Mut zur Übertreibung gehören ebenfalls zum Handwerk des Comiczeichners. »Aber man darf nur so weit gehen, dass der Leser sich nicht angegriffen fühlt, sondern selbst darüber lachen kann.« Damit verweist er auf Szenen aus seinem Comic *Braungebrannt und schwarzgeärgert*, in dem eine Urlauberfamilie statt eines 5-Sterne-Hotels die reinste Bruchbude vorfindet und erst nach vielen Stolpersteinen zu ihrem Recht kommt.

Wer Comics zeichnet, so Heinisch, sollte sich gut in seinem Themengebiet auskennen und genau recherchieren. »Dann macht das Lesen sehr viel mehr Spaß, weil man auch etwas über ein Milieu erfährt und das Gefühl hat, einen Blick hinter die Kulissen werfen zu können.« Mit seinen juristischen Comics, über die Juristen und Nicht-Juristen gleichermaßen lachen, hat Heinisch auf jeden Fall eine Marktlücke gefunden. Auf so etwas muss man erst mal kommen ...

Bibliothekar

Der Schreibtisch ist übersät mit Papieren, Zetteln, Akten und Listen, um den Computer stapeln sich die Bücher. An den Wänden wachsen vollgestopfte Regale bis unter die Decke, daneben geöffnete Versandkartons mit der neuesten Bücherlieferung aus der Türkei. Über 50 Titel müssen noch gesichtet, katalogisiert und in die Präsenzbibliothek des Orientalischen Instituts der Hamburger Universität eingeordnet werden. Das Büro von Karin Hörner sieht aus wie der Tagtraum eines Bücherwurms.

Hörner ist Leiterin der Bibliothek für Islamwissenschaften und Turkologie. Auf insgesamt 250 Quadratmetern stehen über 35 000 Medien, wie es in der modernen Bibliothekssprache heißt. »Wir haben vorwiegend Bücher und Zeitschriften, aber auch Landkarten, CD-Roms und Audiokassetten, keine Videobänder allerdings wie andere Bibliotheken«, beschreibt die promovierte Germanistin und Orientalistin ihr Reich. Jedes Jahr kommen etwa 350 Bücher und Karten dazu. »Eigentlich viel zu wenig, vieles stammt auch aus Nachlässen oder Schenkungen. Aber an der Universität wird gespart wie überall.«

Das bekommt sie auch zu spüren, wenn sie die Neuanschaffungen registriert. Hilfskräfte sind knapp, und so muss Hörner nicht nur eigenhändig die Zugangsliste führen, sondern auch die Bücher inhaltlichen Kategorien zuordnen und sie »verschlagworten«, das heißt Stichwörter für die Aufnahme in den Zettelkasten und die Datenbank formulieren. Oft klebt sie selbst Etiketten mit der Signatur auf und stellt die Bücher ins Regal.

Mehr Spaß macht da allerdings die Beratung der Leser, hauptsächlich die Studierenden des Instituts, andere Uni-Mitglieder, aber auch interessierte Bürger mit Leseausweis. Hörner will, dass »ihre« Bücher auch tatsächlich genutzt werden, sieht sich und die Kollegen als Menschen, die »Wissen zugänglich machen, für Wissen werben« und dem Leser helfen, sich in den modernen Datennetzen zurechtzufinden.

Die Bibliothekare gehörten zu den ersten Berufsgruppen, die eine schnelle Kommunikation via Internet zu schätzen wussten. Heute gibt die Europäische Union jährlich 3,6 Millionen Euro für die Vernetzung von Bibliotheken, Museen und Archiven aus.[15] Per Computer können Leser in den Beständen vieler Bibliotheken surfen und per Fernleihe in die Bibliothek am Ort bestellen.»Es gibt spezielle Datenbankprogramme für Bibliotheken, und vielfach liefern die Verlage oder die Einkaufszentralen der Stadtbibliotheken fertige Einträge auf CD oder Diskette mit«, erklärt Hörner.

Nur einige Auserwählte beherrschten allerdings sämtliche Finessen der Titeleintragung, zum Beispiel die Aufnahme von Veröffentlichungen aus Kongressen von ausländischen Institutionen. »Da muss man sich richtig gut auskennen, und manche Kollegen können stundenlang über die Systematik diskutieren.« Man sieht: Liebe zum Detail und ein preußischer Ordnungssinn gehören zu den nützlichen Talenten des Berufsstands.

In der Bundesrepublik arbeiten 15 000 Bibliothekare in etwa 7 000 Bibliotheken.[16] Neben den wissenschaftlichen Einrichtungen an Universitäten oder vergleichbaren Institutionen gibt es Jobs in Privatbibliotheken von Kirchen, Konzernen, Handelskammern oder großen Rechtsanwaltskanzleien. Außerdem arbeiten Bibliothekare in Firmenarchiven, speziellen Kunst- und Musikbibliotheken und in den öffentlichen Stadtbibliotheken. Als Bibliotheksassistent kann sich jeder bewerben und nach ein paar Jahren Praxis auch in anspruchsvollere Jobs aufsteigen, zum Beispiel ein Firmenarchiv leiten. Wer eine hohe Position in einer staatlichen Bibliothek anstrebt, braucht einen Fachhochschulabschluss. Ausbildungsschwerpunkte sind Archivwesen, Bibliothekarswesen, Dokumentation und Information.»Die wirklich noblen Bibliothekare sind die, die alte Handschriften archivieren. Die werfen einen Blick auf einen Text und können dir sagen, welcher Mönch in welchem Kloster den geschrieben hat«, so Hörner

Vor den hohen Weihen steht jedoch die Verwaltungsarbeit. Rechnungen für den Bücherkauf müssen bearbeitet, Mahnschreiben verschickt und Leserausweise ausgestellt werden. Selbst für die Makulierung (also das Wegwerfen) eines Buchs gibt es Rechtsvorschriften.»Listen, Listen, Listen – das ist mein Leben, denke ich manchmal«, seufzt Hörner. Dazu gehört auch die regelmäßige Revision der Bestände. Denn: Geklaut wird immer. Am schlimmsten seien Juristen und Theologen, so ein Gerücht, das Bibliothekare hinter vorgehaltener Hand weitergeben.

Info-Box

Der Bibliothekar ist ein Ausbildungsberuf. Öffentlicher Bibliothekar wird man durch ein dreijähriges Fachhochschulstudium. Wissenschaftliche Bibliothekare bilden die wissenschaftlichen Bibliotheken in der Regel selbst aus: Für den gehobenen Dienst ist ein Studienabschluss vonnöten, für den höheren Dienst eine abgeschlossene Promotion.

Im Internet gibt es einige Jobbörsen speziell für den Bereich Bibliothekare: www.dbi-berlin.de (Website des ehemaligen Deutschen Bibliotheksinstituts); www.vdb-online.org (Informationsstelle für arbeitslose Berufsanfänger); www.b-u-b.de (Website der Zeitschrift Bibliothek und Buch); www.jbj.de (Stellenmarktrecherche gegen Gebühr).

Infos, Fortbildungen, Kontakte:

Verein Deutscher Bibliothekare
Niedersächsische Landesbibliothek
Waterloostr. 8
30168 Hannover
Tel.: (05 11) 1 26 73 04
Fax: (05 11) 1 26 72 02
www.vdb-online.org

Fachzeitschriften:
Zeitschrift für Bibliothekswesen und Bibliographie (erscheint zweimonatlich)
Bibliotheksdienst (erscheint monatlich)
Buch und Bibliothek (erscheint monatlich)

Literaturfestival-Veranstalter

Bücher und Autoren werden nicht nur auf den großen Buchmessen in Frankfurt und Leipzig präsentiert. Fast jede Stadt hat Literaturfestivals, Büchersommer, Krimi- und Theatertage im Kulturkalender.

Jedes Jahr im Sommer finden in Berlin die Märchentage mit mehr als 800 Veranstaltungen rund um das Thema Märchen statt. Rund 70 000 kleine und große Märchenbegeisterte besuchen Lesungen und Theateraufführungen. Organisator ist die Neue Gesellschaft für Literatur, die sich zur Aufgabe gemacht hat, die Lust der Bevölkerung auf Literatur zu wecken.

Dazu gehört nicht nur in Berlin viel Engagement: »Zunächst mal muss man wissen, was man mit so einem Festival überhaupt bezwecken will. Geht es um ein paar Lesungen oder um eine Imageveranstaltung? Sollen Literaturliebhaber angesprochen werden oder Leute, die sonst eher nicht lesen?«, sagt Mareike Röper, Leiterin der Literaturgesellschaft.

Wenn das Konzept steht, müssen passende Autoren kontaktiert werden. »Am besten, man hat eine Mischung aus Big Names, Nachwuchs und ein paar Leuten, die einem selbst gut gefallen«, so Röper. Dann werden Briefe geschrieben, Telefonate mit Autoren, Verlagen und Agenten geführt, Veranstaltungsorte ausgewählt und Termine koordiniert. Um im Vorfeld auf die Veranstaltung aufmerksam zu machen, werden Pressemitteilungen geschrieben, Interviews gegeben und Informationen ins Internet gestellt.

Das Budget ist knapp: Neben der öffentlichen Finanzierung müssen Firmen- oder Privatsponsoren gewonnen werden. »Ein ausgeprägtes Gespür für Finanzen ist fast überall eine Voraussetzung für die Arbeit im Kulturbereich«, so Röper, die auch das jährliche Festival Junge Berliner Autoren koordiniert.

Durch die knappen Budgets wird viel Arbeit durch Praktikanten und Ehrenamtliche erledigt. Ein guter Einstiegsjob in die Branche. »Und die Mehrzahl unserer Praktikanten weiß die Möglichkeit, die wir ihnen bieten, auch durchaus zu nutzen«, sagt Ingo Rüdiger, Projektleiter des Literaturbüros in Mainz und verantwortlich für die Organisation der dortigen Literaturtage. »Man kann eine ganze Menge lernen, insbesondere was selbstständiges Arbeiten und Eigeninitiative betrifft. Gerade heute muss man sich schon etwas Besonderes einfallen lassen, um die Projekte auch tatsächlich realisieren und zu einem Erfolg machen zu können. Der Kreativität sind da kaum Grenzen gesetzt.« Und der Kommunikationswissenschaftler, der seit Jahren im Literaturbetrieb aktiv ist und unter anderem

Veranstaltungen mit Harry Rowohlt, Franzobel und Eckhard Henscheid organisiert hat, fügt hinzu: »Mit Autoren zu arbeiten ist ein besonderes Geschäft. Jeder ist ein ganz großer Künstler.« Einfühlungsvermögen sei daher neben Organisationstalent und Interesse für Gegenwartsliteratur die wichtigste Voraussetzung.

Literarischer Salon

Ursprünglich war Britta Gansebohm Türsteherin im Sox, eine schwarzjackenlastige Achtziger-Jahre-Disco in der Kreuzberger Oranienstraße. Das bedeutete für die blonde 166-Zentimeter-Frau, auch mal abweisend zu sein, um den Überschuss an schwäbischen Touristen nicht allzu groß werden zu lassen. Ihre Wohnung war damals gleichzeitig Treffpunkt von mehreren Gesprächszirkeln, die bei Brombeer- und Jasmintee über die »wirklich wichtigen Dinge des Lebens« diskutierten.

Heute hat sie einen Job, der besser zu ihr passt: Sie betreibt den nach ihr benannten Literarischen Salon – eine Karriere von der Rausschmeißerin zur Salondame. Alle zwei Wochen lädt die studierte Germanistin und ausgebildete Schauspielerin ins Podewil, ein Caféhaus im Berliner Bezirk Mitte. Sie bezieht die Bistrotischchen mit roten und grünen Samttüchern, stellt Blumenarrangements auf und Knabberzeug bereit.

Von ihr entdeckte Autoren und Autorinnen lesen aus ihren Werken. Manchmal frisch Gedrucktes, oft noch nicht Veröffentlichtes, manchmal sogar die ersten Seiten eines Buchs, das noch in der Mache ist. Anschließend wird gemeinsam mit dem Publikum diskutiert. Zu sehen ist das alles auch live im Internet, inklusive musikalische Untermalung.

Seit Gansebohm sich in den achtziger Jahren in der Antiatomkraftbewegung engagiert hat, zieht sie die Literatur vor: »Das hat ja alles nichts genutzt. Heute setze ich mich nicht mehr in der Politik, sondern direkt für Menschen ein«, sagt sie (mit gespieltem Pathos, der in ein Lachen kippt). »Ich habe Lust, Menschen zu treffen, ihre Ansichten kennen zu lernen, und es gefällt mir, wenn unter meinen Gästen Gemeinschaftsprojekte, Freundschaften oder sogar Liebesbeziehungen entstehen.«

Im Mai 1995 veranstaltete sie – noch als Studentin – ihren ersten Literarischen Salon im Atelier eines befreundeten Malers in den ehemaligen Räumen der Schultheiß-Brauerei. Nur einige Freunde waren geladen, um jungen Autoren ein Forum zum Ausprobieren zu bieten. »Das funktioniert nur, wenn man eine respektvolle Atmosphäre schafft. Ob ein Salon gelingt oder nicht, hängt stark von der persönlichen Art der Gastgeberin ab«, so Gansebohm.

Die Diskussionen nach den Lesungen zogen sich über Stunden hin. Schnell wuchs das Publikum. Das Atelier wurde zu klein. Einige Umzüge später war aus dem privaten Treffen eine öffentliche Veranstaltung geworden. 1997 kostete es zum ersten Mal Eintritt.

»Der Salon ist stetig gewachsen, und ich konnte es mir nicht mehr leisten, alle zwei Wochen eine Party zu geben«, erklärt Gansebohm.

Denn das Modell Spende funktionierte nicht. Literaturliebhaber haben offenbar eine noch schlechtere Zahlungsmoral als Kirchgänger: Nicht einmal Knöpfe fand sie in ihrem freiwilligen Klingelbeutel. »Mir ging es nie darum, einen elitären Zirkel aufzubauen«, darin unterscheide sie sich von der vielbeschworenen Berliner Salonkultur der Vorkriegsjahre, deren Renaissance sie ausgelöst hat. Bei Gansebohm ist jeder als Gast willkommnen. Türsteher gibt es nicht, nur Kartenabreißer.

Bei der Auswahl der Literaten führt sie noch immer ein strenges Urteil. »Es muss mir gefallen und es muss interessant sein.« Deshalb liest sich die Namensliste ihrer Literaten wie das Best of der jungen deutschen Literatur. Felicitas Hoppe, Alexa Henning von Lange, John von Düffel, Julia Franck, Tim Staffel, Judith Hermann – alle haben mittlerweile Rang und Namen. Auch historische Romane und szenische Lesungen junger Dramatiker stehen auf dem Programm.

Manche nennen die ausgebildete Schauspielerin auch französisierend Salonière. »Das klingt wie Garderobière«, wehrt sie ab. Nicht, dass sie etwas gegen die Hüterinnen der Textilien hätte, aber sie hängt schließlich keine Mäntel auf, sondern ausdauernd am Telefon, verhandelt mit Autoren, Verlagen, Veranstaltern. Darum wächst der Berg ungelesener Typoskripte mehr und mehr an. Keine Chance hat ihr eigener literarischer Selbstversuch: *Eine Robinsonade*. Sie hatte den Text mit 13 Jahren geschrieben, er liegt noch in einer Schublade, aber man wird ihn nie zu hören bekommen, nicht einmal im Literarischen Salon für Kinder, den Gansebohm plant. Da bleibt sie hart, wie damals im Sox.

Info-Box

Der literarische Salon von Britta Gansebohm findet alle zwei Wochen im Klub im Caféhaus Podewil statt. Er wird live im Internet übertragen: www. thing.de/gansebohm

Klub im Podewil
Klosterstr. 68
10179 Berlin
Tel.: (0 30) 24 74 96
Fax: (0 30) 24 74 97 00
britta.gansebohm@berlin.de

Noch mehr Jobs für Bücherwürmer und Leseratten

Webpublisher

Außer Internetbuchhandlungen und Onlinebuchpräsentationen birgt das Netz weitere Betätigungsfelder: Krimidatenbanken, Onlinecomputerspiele zum Buch, Homepages für Autoren, virtuelle Netzwerke für Verlagsmenschen, Onlinetextgeneratoren und die Möglichkeit, verlagsfrei zu publizieren, wie beispielsweise Steven King mit seinem Roman *The Plant*.

Schreibakademien

Schreibakademien bieten Fernstudien für werdende Autoren an. Dort arbeiten Lektoren, die eingesandte Manuskripte redigieren und kommentieren.

Buch-Release-Partys

Damit man ein Buch nicht nur lesen sondern auch erleben kann, veranstalten Clubs und Bars Buch-Release-Partys. Auch Eventagenturen bieten ihren Service als Marketinginstrument für Bücher und Verlage an.

Teil III
Workshop

In der Buchbranche sind mir Hunderte von Quereinsteigern unterschiedlichster Provenienz begegnet. Dagegen ist mir kein einziger Quer*aus*steiger bekannt.

Claudio Gallio, Herausgeber

Ich hatte immer vor, mit Büchern Geld zu verdienen, aber es sollte trotzdem Spaß machen.

Martina Hinz, Journalistin

Bin verlegen.

Hinweiszettel an der Tür eines Fliesengeschäfts

9.

Workshop zur Individuellen Berufsfindung

Im vorangegangenen Teil des Buches haben Sie gesehen, wie andere vor Ihnen die Begeisterung für Bücher und Literatur zum Beruf gemacht haben. Autoren, Verlagsmenschen, Übersetzer, Illustratoren, Literaturagenten, Kulturjournalisten: Die Möglichkeiten für Bücherwürmer und Leseratten auf dem Arbeitsmarkt sind groß.

Genau diese Vielfalt aber ist es, die einige zur Verzweiflung bringt. Wer alles machen kann, macht manchmal gar nichts. So wie Buridans Esel, der verhungert, weil er sich zwischen zwei gleich großen Heubündeln nicht entscheiden kann. Damit es Ihnen bei der Berufsfindung nicht ähnlich ergeht, zeigen wir jetzt, wie Sie aus all den Möglichkeiten das Richtige für sich auswählen.

Die folgenden zehn Schritte sind die Grundlage der Individuellen Berufsfindung. Wer es ausführlicher möchte und sich viele Anregungen und Beispiele wünscht, findet sie in der Berufsfindungsfibel *Der Job, der zu mir passt*.[17]

Die Grundfragen der Individuellen Berufsfindung lauten:

1. Was kann ich? (Fähigkeiten)
2. Was will ich? (Motivationen)
3. Wo gibt es Tätigkeiten, in denen ich meine Fähigkeiten und Motivationen gewinnbringend einsetzen kann?

Auch wenn viele Bücherwürmer lieber lesen als schreiben, sollten Sie die folgenden Schritte unbedingt schriftlich bearbeiten. Legen Sie einen Berufsfindungsblock oder einen Ordner an. Dort erarbeiten Sie eine Übersicht, die Ihnen hilft, ein Tätigkeitsgebiet zu entwickeln. Begleiten wird Sie dabei das Beispiel der Leseratte Anna, die ihr Hobby zum Beruf gemacht hat.

Schritt 1: Was kann ich?

Viele Leute tun sich schwer damit, ihre eigenen Stärken und Fähigkeiten anderen zu vermitteln. Und schlimmer noch: Viele fühlen sich selbst unsicher, was das eigene Potenzial angeht. Deshalb stellen wir die Frage nach persönlichen Fähigkeiten hier einmal anhand *konkreter* Situationen Ihrer Biografie.

Und das geht so: Nehmen Sie Ihren Berufsfindungsblock zur Hand, und schreiben Sie einige Situationen der letzten Monate und Jahre auf, in denen Sie stolz auf sich waren. Situationen, in denen Sie sich selbst auf die Schulter geklopft haben und dachten: »Das habe ich wirklich gut gemacht.«

Nun schauen Sie sich diese Situationen einmal genauer an. Analysieren Sie: Welche Fähigkeiten habe ich damals eingesetzt? Ohne welche meiner Stärken hätte das Ganze nicht funktioniert?

Unser Beispiel: Anna war stolz auf sich, als sie für die Bilder ihrer Freundin eine Ausstellung organisiert hatte. Sie hatte damals einen Raum besorgt, für Transport und Versicherung gesorgt, eine kleine Dokumentation erstellt und sogar einen Sponsor gefunden. Außerdem war sie stolz darauf, in ihrer Literaturgruppe eine kleine Zeitung mit skurrilen Kurzgeschichten zusammengestellt zu haben.

Annas Stärken-Liste:

- recherchieren, wissen, wo man Informationen herbekommt
- organisieren, die Fäden in der Hand behalten
- auch in Stresssituationen einen kühlen Kopf bewahren
- voraussehen, wo es möglicherweise Schwierigkeiten gibt
- andere begeistern und überzeugen
- verhandeln, diplomatisches Geschick
- Geduld und Beharrlichkeit
- Verbesserungsvorschläge für Texte machen
- mit wenig Geld etwas schön gestalten

Schritt 2: Was will ich?

Die Antwort auf die Frage »Was will ich?« fällt den meisten noch schwerer als die Angabe der eigenen Fähigkeiten. Daher untersuchen wir hier noch einmal Ihre Biografie. Diesmal geht es um Situationen, in denen Sie hoch motiviert waren. Schreiben Sie auf, wann Sie schon einmal über sich selbst hinausgewachsen sind. Wann haben Sie unglaubliche Energie entwickelt und hatten das Gefühl, die Welt auf den Kopf stellen zu können? Es gibt sie nämlich, allen Unkenrufen zum Trotz: die Tage, an denen Sie wirbeln und an denen es Ihnen ganz leicht fällt, etwas zu tun.

Nun analysieren Sie wieder: Was genau hat Ihre Energiereserven in diesen Momenten mobilisiert? War es entscheidend, dass die Situation etwas mit einem bestimmten Thema (Kunst, Gesundheit, Sport) zu tun hatte? Oder dass Sie anderen in einem schwierigen Augenblick zur Seite stehen konnten? Was genau hat Sie angetrieben? Fertigen Sie eine zweite Liste mit Ihren Motivationen an.

Anna beispielsweise hatte besonders viel Energie an den Tag gelegt, als es darum ging, die Fahrt ihrer Schulklasse zur Frankfurter Buchmesse zu organisieren. Erstaunliche Energie hatte sie auch, als sie auf ihrer Geburtstagsparty eine kleine Lesung mit drei jungen Hobby-Krimiautorinnen veranstaltet hatte. Und sie hatte gewirbelt, als es darum ging, an einer internationalen Sommerakademie in London teilzunehmen.

Annas Motivationsliste:

- neue Bücher entdecken
- Erstlingswerke von Autoren lesen, deren Weg man dann weiterverfolgen kann
- Autoren kennen lernen
- Kontakt mit anderen Bücherwürmern
- zu Hause rauskommen, unterwegs sein, im Ausland sein
- Partys
- Events zu Büchern organisieren
- Kommunikation mit Leuten aus unterschiedlichen Kulturen

Schritt 3: Was ich tun würde, wenn ich nicht scheitern könnte

Nach der Analyse Ihre Fähigkeiten und Motivationen geben wir Ihnen noch drei Fragen mit auf den Weg. Auch diese dienen als Wegweiser auf der Suche nach einem beruflichen Feld, das Sie wirklich motiviert und zu Höchstleistungen anstachelt.

1. Von dem amerikanischen Berufsberater Richard Bolles stammt die folgende besonders kurze Form der Berufsfindung: Von allen Leuten, die Sie kennen, wessen Job hätten Sie am liebsten? Denken Sie dabei an Menschen, die Sie schon einmal im Fernsehen gesehen oder von denen Sie gehört oder in der Zeitung gelesen haben. Notieren Sie einen oder mehrere Namen (Alfred Biolek, Madonna, Marcel Reich-Ranicki. Annas Wahl: Ingrid Noll, der Chef von Amnesty International).

2. Viele Berufssuchende haben in ihrem Leben schon einmal Vorstellungen von einem erstrebenswerten Beruf gehabt, die sie dann irgendwann aufgrund äußerer Umstände aufgaben. Wenn es einen solchen Berufswunsch bei Ihnen gab (Schauspielerin, Fußballtrainer, Grundschullehrerin) – bitte notieren. (Bei Anna: Schriftstellerin, Sängerin)

3. Eine der klassischen Berufsfindungsfragen lautet: Was würden Sie tun, wenn Sie *nicht* scheitern könnten? Stellen Sie sich vor, eines Tages erscheint die Berufsfee: »Du hast jetzt einen Berufswunsch frei.« Was wünschen Sie sich? (ein Reisemagazin moderieren, Motivationstrainer sein, die erste grüne Bundeskanzlerin werden) Annas Wahl: ein Literaturhaus in der Provence betreiben.

Zwischenergebnis: Die Anatomie Ihres Traumberufs

Aus den bisherigen Ergebnissen Ihres Workshops erstellen Sie nun ein Schaubild (siehe Grafik). Zur Erinnerung: Sie suchen nach ei-

Nr. 6
Ungeahnte Aktivität habe ich
entwickelt bei ...

Nr. 5
Was ich besonders gut kann ...

Nr. 3
Was ich schon einmal
werden wollte ...

Nr. 8
Extra-Wünsche ...

Nr. 2
Wenn ich auf keinen Fall scheitern
könnte, würde ich am liebsten ...

Nr. 4
»Das habe ich wirklich gut
gemacht«, habe ich gedacht, als ...

Nr. 1
Wessen Beruf ich am
liebsten hätte ...

Nr. 7
Was mich motiviert ...

Mein
Traum-
beruf

nem Tätigkeitsgebiet, auf dem Sie Ihre Interessen und Fähigkeiten sinnvoll und gewinnbringend einsetzen können.

Fertigen Sie zu diesem Zweck Konzentrate aus den Listen mit Ihren wichtigsten Fähigkeiten und Motivationen an, und übertragen Sie diese in Ihr Schaubild. Wählen Sie von allen bisher notierten Situationen diejenigen Punkte Ihrer Biografie aus, die Ihnen am meisten bedeuten. Tragen Sie auch weitere Details Ihres Traumberufs zusammen: Möchten Sie einen Beruf, in dem Sie sich viel bewegen oder in dem Sie nicht so früh aufstehen müssen? Oder lieber einen, den Sie von zu Hause aus erledigen können? Halten Sie (beispielsweise unter dem Punkt Extrawünsche) fest, durch welche Eigenschaften sich Ihr Traumberuf auszeichnen sollte.

Die Grafik dient als Vorschlag für die Zusammenstellung Ihrer Antworten. Wichtig ist, dass Sie Ihre bisher notierten Ergebnisse sortieren. Das Schaubild dient als Grundlage für das folgende Brainstorming. Lesen Sie daher erst weiter, wenn alles seinen Platz hat.

Schritt 4: Welche Tätigkeitsfelder ergeben sich aus diesen Interessen und Motivationen?

Neue Ideen entstehen vor allem aus der Verknüpfung von bereits Bekanntem. Das ist der Grund, warum Sie Ihre bisherigen Ergebnisse aufgeschrieben haben. Ihnen stehen nun die einzelnen Resultate für ein spielerisches Zusammensetzen zur Verfügung.

Wie das geht? Fantasieren Sie einmal:

- Wenn Sie stolz waren, einige Artikel in einer Zeitung untergebracht zu haben, und Sie besonders motiviert sind, junge Autoren zu treffen, denken Sie darüber nach, Autorenporträts zu schreiben oder (wenn Sie gut verhandeln können) als Agent junge Autoren gegenüber Verlag und Presse zu vertreten.
- Wenn es Ihnen Spaß macht, stundenlang auf dem Trödelmarkt in alten Büchern zu stöbern und Sie dafür sogar freiwillig frühmorgens aufstehen, denken Sie über eine Tätigkeit in einem An-

tiquariat nach. Wenn Sie sich besonders gut bei Filmen auskennen, vielleicht in einem Antiquariat nur für Filmbücher.

- Wenn Sie am liebsten den Job des Motivationstrainers Anthony Robbins hätten und besonders stolz auf Ihre selbst geschriebenen Kurzgeschichten sind, ziehen Sie in Erwägung, Workshops zum Thema Creative Writing zu geben.

Vielleicht ist Ihnen bei der bisherigen Beschäftigung mit Berufsbildern für Bücherwürmer und Leseratten bereits eine Idee gekommen. Falls nicht, tasten Sie sich vorsichtig an Ihren neuen Traumberuf heran. Veranstalten Sie zunächst ein ungezwungenes Brainstorming: Welche Tätigkeiten oder Bereiche wären Ihrer Traumberufgrafik nach *genau das Richtige* für Sie?

Gehen Sie dabei spielerisch und nicht schematisch vor. Nicht immer ergibt eine Kombination von A und B bereits Ihren Traumberuf. Experimentieren Sie stattdessen mit Ihren Ergebnissen und seien Sie kreativ! Formulieren Sie imaginäre Tätigkeitsfelder und echte Traumberufe, in denen Sie Ihre Fähigkeiten und Motivationen am liebsten einsetzen würden. Formulieren Sie die Lieblingssituation Ihres Lebens in ein berufliches Tätigkeitsfeld um!

Und Anna? Sie entschließt sich, in den Bereich Organisation von Literaturfestivals zu gehen. Was sie genau dort tun wird und wie sie es schafft, einen Fuß in die Tür zu bekommen – davon handeln die nächsten Schritte.

Schritt 5: Spezialisierung

Die meisten Berufswünsche sind viel zu allgemein. Unkonkrete Formulierungen wie »Ich will etwas mit Fernsehen machen« oder »Ich stelle mir etwas im Bereich Lektorat vor« eignen sich überhaupt nicht dazu, sich zielgerichtet auf die Suche nach einem Arbeitsplatz zu machen. Daher geht es in diesem Schritt darum, Ihr Ziel weiter einzugrenzen.

Eine berufliche Spezialisierung bringt erhebliche Vorteile mit sich: Durch ein spezielles Thema oder eine spezielle Zielgruppe schafft man sich ein individuelles Profil, mit dem man sich bei Bewerbungen, Auftragsvergaben und anderen Kontaktaufnahmen leicht von anderen abheben kann.

Zur Erklärung einige Beispiele für gelungene Spezialisierungen:

- Übersetzer von asiatischer Managementliteratur
- Schriftstellerfotograf
- Literaturagent für junge osteuropäische Autoren, die in der Bundesrepublik veröffentlichen möchten
- Handel mit amerikanischen Filmbüchern
- Kochbuchautorin für historische Titel (Kochen im alten Griechenland, das große Mittelalterkochbuch)
- Pressearbeit für Verlage mit esoterischem Programm
- Veranstalter von Lyrikevents
- Layouter für Kunstbände

Für die folgenden Überlegungen ist es wichtig, dass Sie Ihr berufliches Ziel inklusive Spezialisierung so konkret wie möglich fassen. Das bedeutet, dass Sie in einem klaren Satz formulieren, was Sie werden wollen, und nicht nur allgemeine Stichworte zum Thema Berufsfindung notieren. Clarity is power – in der klaren Formulierung eines Ziels liegt die Kraft, dieses auch zu erreichen. Schauen Sie sich einmal die unterschiedliche Wirkung an zwischen dem Stichwort ›literarische Stadtführungen‹ und dem präzise und selbstbewusst formulierten: »Ich will Stadtführungen zum Thema ›Volkstümliche Literatur in München‹ leiten.« Oder: »Ich will Internetseiten für erfolgreiche Bücher gestalten.«

Notieren Sie Ihre Ziele dort, wo Sie sie regelmäßig zur Kenntnis nehmen: im Kalender, über Ihrem Schreibtisch oder sichtbar neben dem Bett (um sie vor dem Einschlafen immer wieder durchzusehen).

Schritt 6: Wo gibt es solche Tätigkeiten?

Die verbleibenden Schritte leiten Sie nun an, Ihr frisch formuliertes Ziel in die Tat umzusetzen. Denn: Ob man ein Ziel erreicht oder nicht, hängt in erster Linie von der eingesetzten Strategie ab. Wer nicht wohlüberlegt plant und organisiert, kann nichts erreichen. Es ist nun an der Zeit, die Welt nach Einsatzmöglichkeiten für Sie zu durchforsten. Beginnen Sie wieder mit der Sammlung von Ideen. Fragen Sie: Wo werden solche Tätigkeiten gebraucht? Oder: An welchen Orten *könnten* solche Tätigkeiten gebraucht werden? Märchenerzähler beispielsweise treten nicht nur im Kindergarten und auf Kindergeburtstagen auf. Märchenerzähler können Kinder auch in großen Kauf- und Möbelhäusern oder auf Straßenfesten und Märkten, in Arztpraxen, Krankenhäusern und Vorschulen unterhalten. Auch das Kinderfernsehen, der Zirkus, Restaurants, Oper und Theater kommen als Märchenerzählort infrage. Fertigen Sie eine Liste an, auf der sämtliche Ideen festgehalten werden.

Annas Einsatzliste: Literaturfestivals werden organisiert oder könnten organisiert werden von:

- Städten und Gemeinden
- Literarischen Gesellschaften
- Literaturhäusern, -büros, -werkstätten
- Spezialisierten Eventagenturen
- Hochschulen/Volkshochschulen
- Betreibern von Literarischen Salons
- Quartiersmanagern (Büchersommer in der Altstadt)
- Kulturvereinen (Französische Gesellschaft, Deutsch-Amerikanischer Freundeskreis, Goethe-Institut)
- Schlössern (Märchen im Märchenschloss), Parks (Natur und Literatur), Hotels (Kriminacht an der Bar)
- Messegesellschaften (Rahmenprogramme für Buchmessen)

Nach Zusammenstellen dieser Liste entscheidet sich Anna dafür, dass ihr der Einstieg über die Mitarbeit in einer Eventagentur am aussichtsreichsten und attraktivsten erscheint. Gehen Sie genauso vor: Fertigen Sie eine Liste mit möglichen Einsatzgebieten an, und wählen Sie dann einen Bereich aus. Formulieren Sie Ihr spezifisches Ziel nun inklusive Einsatzgebiet. Einige Beispiele:

- Organisation von Literaturfestivals in einer Eventagentur
- Vertrieb in einem Verlag, der viel in Unternehmen hineinver-

kauft (jeder Mitarbeiter bekommt ein Buch über persönliches Zeitmanagement zu Weihnachten)
- Drehbuchautor bei einer Produktionsfirma für Kinderfilme
- Werbetexter in einer Agentur, die sich auf die Öffentlichkeitsarbeit für Verlage spezialisiert hat
- Lektor in einem Verlag, der amerikanische Krimis übersetzt
- Ghostwriter für Freiberufler (zum Beispiel im Gesundheits-, Fitness- und Wellnessbereich) in einer PR-Agentur
- Verkäufer in der Buchabteilung eines Technikmarkts (Hifi, Telekommunikation, Software)

Schritt 7: Informationsphase

Im vorangegangenen Schritt haben Sie ein konkretes Einsatzgebiet für Ihre Tätigkeit festgelegt. Es ist nun an der Zeit, Informationen über die Unternehmen zu beschaffen, die in genau diesem Bereich tätig sind. Beginnen Sie Ihre Recherche damit, eine Liste zusammenzustellen mit allen Firmen, Auftraggebern oder Projekten, die möglicherweise für Ihr Vorhaben infrage kommen.

Wenn Sie beispielsweise einen Reiseführer über China schreiben wollen, finden Sie im *Taschenbuch für die Touristikpresse* Adressen von Verlagen, die Reiseführer auf den Markt bringen. Besorgen Sie sich die Verlagsprogramme, gehen Sie ins Internet, besuchen Sie die Verlagsstände auf der Buchmesse, verfolgen Sie die Berichterstattung in der Fachpresse und lesen Sie möglichst viele Bücher aus diesen Verlagen.

In einigen Fällen ist die Beschaffung erster Adressen zeitaufwändiger: Wer beispielsweise Ghostwriter werden will, sucht nach Büchern, die vorn einen Hinweis auf Ghostwriter haben (»Mit freundlicher Unterstützung von ...«) oder fragt in der Buchhandlung, von welchen Autoren bekannt ist, dass sie mit Ghostwritern arbeiten. Bei der Recherche nach Literaturagenturen dagegen ist man möglicherweise auf die Berichterstattung in der Presse angewiesen. In solchen Fällen liegen die Adressen noch nicht an einer zentralen Stelle gesammelt vor, sondern müssen einzeln recherchiert werden. Übrigens hilft es auch, bewusst Augen und Ohren offen zu halten. Ist man erst einmal für bestimmte Themen sensibilisiert, findet man überall interessante Neuigkeiten. »Berufsfindung macht magnetisch für Informationen«, behaupten die Berufsberater Johanna Frank und Lorenz Wolff.[18]

Ein Anruf pro Firma

Wenn Sie eine Liste mit allen für Sie interessanten Arbeitgebern zusammengestellt haben, beginnen Sie damit, diese systematisch abzutelefonieren. Bitten Sie jede Firma, jedes Projekt um ausführliches Informationsmaterial. Wenn Sie beispielsweise Lektorin in einem Verlag für Kinderbücher werden möchten, empfiehlt sich ein Anruf bei zwanzig Kinderbuchverlagen. In der Regel wird man Ihnen Verlagsprogramme und Presseinformationen über Verlag und Autoren zuschicken. Wenn Sie lieber in einer neu eröffneten Literaturwerkstatt arbeiten wollen, ist es mit einem Anruf möglicherweise nicht getan. Fahren Sie stattdessen hin, und machen Sie sich vor Ort ein Bild von dem Projekt.

Manchen Berufsuchenden fällt es leichter, diese erste Informationsphase unter einem Vorwand durchzuführen. Um sich die Sache zu erleichtern, geben sie beispielsweise an, dass sie im Rahmen einer Hausarbeit eine Studie erstellen oder dass sie für einen Artikel recherchieren. Ob Sie eine Ausrede bemühen oder nicht, bleibt ganz allein Ihnen überlassen. Sagen Sie das, womit Sie sich wohl fühlen.

Die Informationen, die Sie auf diese Weise sammeln, arbeiten Sie sorgfältig durch. Heften Sie alles in Ihrem Berufsfindungsordner ab. Sie sollten jetzt bereits eine ganze Menge über die Unternehmen, Verlage, Organisationen in Erfahrung gebracht haben, die sich möglicherweise für Ihre Arbeit interessieren. Allein die Beschäftigung mit diesen Informationen bietet Ihnen wertvolle Hinweise für Ihr weiteres Vorgehen.

Und Anna? Sie ruft beim Netzwerk Eventmarketing an und bittet um Zusendung einer Mitgliederliste. Dann recherchiert sie im Internet, welche Eventagenturen sich mit Kulturveranstaltungen beschäftigen. Zusätzlich sucht sie in einem Branchenführer für den Bereich Medien nach Adressen. Sie schaut in den städtischen Kulturkalender, welche Veranstaltungen von Agenturen betreut werden und bittet jede um Infomaterial oder Dokumentationen. Zusätzlich besucht sie einige Festivals, fährt zu den Buchmessen und liest Artikel zum Thema Kultursponsoring. Alle gesammelten Informationen heftet Anna in Ihrem Berufsfindungsordner ab.

Eine Auswahl treffen

Wenn Sie alle Informationen zu den für Sie interessanten Organisationen und Projekten auf Ihrer Liste durchgearbeitet haben, wählen Sie die etwa zwei bis vier für Sie interessantesten Unternehmen (respektive Autoren, Agenturen, Verlage) aus. Diese stehen von nun an im Zentrum Ihrer Aufmerksamkeit. Sammeln Sie weiter gezielt alles über diese für Sie besonders attraktiven Unternehmen und Projekte. Je mehr Sie über Ihren zukünftigen Arbeitgeber wissen, desto stärker Ihre Position.

Wenn Sie sich als Kritikerin bei einer neuen Internetbuchhandlung bewerben wollen, sammeln Sie alles, was Sie über das Programm in Erfahrung bringen können, beispielsweise wie der Service vermarktet werden soll, welche Schwierigkeiten bereits aufgetreten sind, welche Personalpolitik dort verfolgt wird und welchen beruflichen Werdegang der Chefredakteur hat. Jede Information bringt Sie Ihrem Ziel ein kleines Stück näher.

Eine der besten Quellen für Informationen sind Leute, die in den betreffenden Projekten arbeiten oder einmal gearbeitet haben und die Auskunft über die internen Abläufe und Besonderheiten geben können. Wenn Sie nicht über entsprechende Kontakte verfügen, hören Sie sich in Ihrem Bekanntenkreis um, ob es nicht jemanden gibt, der Ihnen weiterhelfen kann.

Da sich Anna vor allem für zeitgenössische Literatur interessiert, entscheidet sie sich für zwei Agenturen, die bereits mehrere Veranstaltungen mit Autoren durchgeführt haben. Zusätzlich zu den bereits gesammelten Informationen findet sie bei ihren Recherchen heraus, dass die Geschäftsführerin der einen Agentur bereits ihre Abschlussarbeit an der Universität über Kultursponsoring geschrieben hat (die sie in der Bibliothek einsehen kann). Zusätzlich besorgt sich Anna Unterlagen über die Finanzierung und das Sponsoring möglichst vieler Literaturfestivals.

Schritt 8: Gezielt persönliche Kontakte aufbauen

In nahezu jeder Phase Ihrer Berufsfindung, vor allem aber dann, wenn Sie das Gefühl haben, nicht weiterzukommen, werden Ihnen gute Kontakte helfen. Dabei geht es keinesfalls darum, dass Ihr Vater Sie in der Firma eines Studienkollegen unterbringt. Es geht vielmehr um die Beschaffung von guten Informationen und manchmal auch darum, Türen für Sie zu öffnen. Hineingehen und »Guten Tag« sagen müssen Sie jedoch selbst.

Leute, die in »Ihrem« Bereich arbeiten oder gearbeitet haben, liefern Ihnen besonders interessante Informationen für Ihr berufliches Vorhaben: Welche Entwicklungen zeichnen sich in einer Branche ab? Was sind die mittel- und langfristigen Pläne bestimmter Unternehmen? Welche Probleme bestehen dort, oder welche werden sich voraussichtlich entwickeln? Wann werden welche Stellen frei? Und: Welche Leute sind besonders wichtig? Wer in dem von Ihnen angestrebten Bereich arbeitet, kann Ihnen viele Detailinformationen geben, die von außen schwer zu bekommen sind.

Wie man solche Leute findet? Zunächst einmal müssen Sie sich überlegen, zu wem Sie einen Kontakt aufbauen wollen. Wenn es Sie beispielsweise ins Feuilleton zieht, ist es nützlich, sich mit Redakteuren, Freien, Pressefrauen in Verlagen und Autoren, die erfahren im Umgang mit Medien sind, zu unterhalten. Auch Mitarbeiter von Literaturagenturen oder Moderatoren von Kulturmagazinen können interessante Gesprächspartner sein. Hören Sie sich in Ihrem Bekanntenkreis um, wer jemanden kennt, auf den diese Beschreibung zutrifft. Es wird sich schnell jemand finden, der einen Kontakt vermitteln kann.

Den Kontakt zu einer konkreten Person herzustellen ist oft viel leichter, als man denkt. Die Strategieberaterin Kerstin Friedrichs beschreibt das so: »Mit maximal vier Kontakten kann man praktisch jeden Menschen auf der ganzen Welt erreichen.« Spielen Sie es einmal im Kopf durch: Sie wollen einen Kontakt zu Boris Becker herstellen (oder zu Angela Merkel oder zu Til Schweiger). Wen könnten Sie fragen? Wie viele Kontakte würden Sie benötigen? Anna beispielsweise knüpft über einen ehemaligen Studienkollegen den Kontakt zu einer Eventagentur. Sie ruft an, etwa so: »Guten Tag, hier spricht Anna Lehmann. Ich habe Ihre Nummer von meinem Studienkollegen Rainer Müller, von dem ich Sie ganz herzlich grüßen soll. Es geht um Folgendes: Ich habe während meines Studiums Lesungen mit jungen europäischen Autoren bei der XYZ-Stiftung veranstaltet. Außerdem arbeite ich jedes Jahr ehrenamtlich beim Düsseldorfer Bücherherbst. Um meine Erfahrungen auf diesem Gebiet auszubauen, interessiere ich mich für die Arbeit von Eventagenturen. Darf ich Ihnen ein paar Fragen stellen? Es dauert auch nicht länger als zehn Minuten.« Da fast alle Leute sich freuen, wenn man sich ernsthaft für sie interessiert, stellen Sie Ihrem Gesprächspartner folgende Fragen:

1. Wie sieht Ihr ganz normaler Arbeitsalltag aus?
2. Wie sind Sie in diese Position gekommen?
3. Was muss man dafür können, fachlich und außerfachlich?
4. Was sind die besonderen Vorteile und Erfolgserlebnisse dieses Berufs?
5. Was sind die spezifischen Nachteile und Belastungen?
6. Haben Sie einen Tipp, mit wem ich mich noch unterhalten sollte?[19]

Die Auskünfte Ihrer »Informanten« liefern Ihnen weitere wertvolle Hinweise darüber, wie Sie Ihren Traumberuf realisieren können. Auch hier gilt: Jede einzelne Information bringt Sie Ihrem Ziel ein kleines Stück näher. Natürlich notieren Sie die wichtigsten Punkte des Telefonats in Ihrem Berufsfindungsblock.

Kontaktpersonen spielen nicht nur bei der Informationsbeschaffung eine große Rolle. Sie helfen auch bei der Anbahnung von ersten Bewerbungsgesprächen. Wer seinen Anruf beim Projektleiter beginnen kann mit: »Ich soll Sie herzlich von Frau Wartenberg vom Deutschen Journalistenverband grüßen«, wird schneller als andere auf offene Ohren treffen. Überlegen Sie, auf wen Sie sich in einem ersten Gespräch berufen können. Vielleicht auf Ihren Universitätsprofessor, auf den Experten, den Sie auf einer Konferenz kennen gelernt haben, oder auf eine andere wichtige Person, zu der Sie während Ihrer Recherche Kontakt aufgenommen haben. Selbstverständlich müssen Sie diese Menschen von Ihrem Vorhaben unterrichten.

Schritt 9: Erste Arbeitserfahrungen sammeln – schon vor der Bewerbung

Wenn Sie sich bei Ihrem Traumunternehmen um einen Job oder einen Auftrag bewerben, sollten Sie in jedem Fall vorweisen können, dass Sie auf dem von Ihnen anvisierten Gebiet bereits etwas auf die Beine gestellt haben. Das bringt die Frage mit sich, wie es möglich ist, die allerersten Erfahrungen auf einem Tätigkeitsgebiet zu machen.

Der beste Weg, diese Erfahrungen zu sammeln, ist ein eigenes kleines (oder großes) Projekt. Damit beweisen Sie von Anfang an unternehmerisches Denken, Eigeninitiative und Begeisterungsfähigkeit. Mit einem eigenen Projekt können Sie Ihr Engagement und Ihre Ziele mit Strahlen in den Augen kommunizieren. Sie werden erstaunt sein, wie schnell Sie auf einmal Arbeitgeber von sich einnehmen. Es ist ungemein schwierig, sich der Anziehungskraft zu entziehen, die Leute ausstrahlen, die mit Leib und Seele bei der Sache sind.

Wenn Sie also Übersetzer von bulgarischen Gedichten werden wollen, finden Sie einen hoffnungsvollen, aber bislang unübersetzten bulgarischen Dichter. Die von Ihnen übersetzten Gedichte können Sie auf einer eigenen Seite im Internet präsentieren. Wenn Sie Krimiautor werden wollen, beginnen Sie mit Kurzkrimis, die Sie an Ihre Freunde und Freundinnen verschenken, bei Schreibwettbewerben einreichen und in der Wochenendausgabe einer lokalen Zeitung veröffentlichen. Wenn Sie Kurse für Hobbyautoren geben wollen, veranstalten Sie den ersten Workshop an Ihrer ehemaligen Schule.

Wenn Sie Antiquar werden wollen, beginnen Sie auf dem Trödel Bücher zu kaufen, die Sie später mit Gewinn wieder verkaufen. Wenn Sie Layouter werden wollen, lernen Sie mit der entsprechenden Software umzugehen und beginnen Sie, für Ihre Freunde, Bekannten, Kollegen und Verwandten Texte zu layouten. Sie können auch die Karte Ihres Lieblingsrestaurants, das Programm Ihres Kiezkinos oder die Hochzeitseinladung Ihres besten Freundes gestalten. Schnell wird sich jemand melden, der Unterlagen für ein Seminar, Folien für einen Vortrag oder ein Programmheft mit umfangreichen Texten braucht.

Neben den beschriebenen Vorteilen eines eigenen Projekts zum Berufseinstieg kommt Ihnen höchstwahrscheinlich ein weiteres Phänomen zugute: Wer macht, was er wirklich gern macht, wird in der Regel auch andere Jobangebote von außen erhalten. Viele Arbeitgeber suchen händeringend Leute, die etwas bewegen und Begeisterung vermitteln können. Diese Arbeitgeber werden aber nur dann auf Sie aufmerksam werden, wenn Sie sich mit Herzblut für Ihre Sache ins Zeug legen und Ihr Engagement auch deutlich zeigen.

Neben dem eigenen Projekt gibt es noch andere Möglichkeiten, die ersten Gehversuche auf einem neuen Gebiet zu machen: Praktika, Ehrenämter, die Teilnahme an Veranstaltungen von Arbeitgebern (Workshops, Aushilfstätigkeiten, Messeauftritte, Tage der offenen Tür). Entscheidend dabei ist immer, dass Sie einen Fuß in die Tür bekommen und erste Kontakte knüpfen.

Anna – Sie wissen es bereits – plant als erstes Projekt eine Lesereihe von jungen politischen Autoren. Für die Unterstützung gewinnt sie zwei Germanistikprofessoren, eine politische Stiftung, eine Literaturwerkstatt und einen Journalisten. Von nun an lädt sie einmal im Monat zu einer Lesung mit anschließender Diskussion. Die Stiftung sorgt für den Raum, der Journalist für die Berichterstattung. Anna selbst organisiert die Veranstaltungen, sucht nach passenden Autoren, nimmt Kontakt auf und moderiert die anschließende Diskussion. Dadurch knüpft sie professionelle Kontakte zu Autoren, Agenten, Verlagen und Medien.

Schritt 10: Gezielt an den gewünschten Arbeitgeber herantreten

Das ist der Moment, auf den Sie in Ihrem persönlichen Workshop hingearbeitet haben! Bevor Sie den entscheidenden Schritt tun und Ihren Traumarbeitgeber kontaktieren, hier noch einmal das bisher Erarbeitete zusammengefasst:

1. In der Berufsfindung funktioniert nichts, bevor Sie nicht Ihre persönlichen Fähigkeiten ausgelotet haben und diese auch konkret benennen können. Schließlich werden Sie Ihrem potenziellen Arbeitgeber vermitteln müssen, warum er *ausgerechnet Sie* einstellen soll. Eine genaue Anleitung dazu finden Sie in Schritt 1 des Workshops.

2. Suchen Sie sich nicht irgendein Berufsfeld, das Ihnen gerade aussichtsreich erscheint. Wenn Sie in einem Bereich nicht wirklich arbeiten wollen, werden Sie dort nicht viel erreichen können. Finden Sie stattdessen heraus, was Ihnen wirklich Spaß macht und was Sie morgens aus dem Bett treibt, auch wenn Sie eigentlich hundemüde sind. Beruflich erfolgreich wird, wer mit echter Begeisterung bei der Sache ist. Dazu gehört auch eine Spezialisierung, die zu Ihnen und Ihren Wünschen passt. Diese einzelnen Elemente Ihres beruflichen Ziels haben Sie in den Schritten 2 bis 5 entwickelt.

3. Stellen Sie eine Liste mit sämtlichen Orten zusammen, an denen eine solche Tätigkeit gebraucht wird oder gebraucht werden könnte. Suchen Sie aus dieser Liste den Bereich aus, der Sie am meisten anspricht. Sammeln Sie nun Adressen von Firmen und Projekten, die dort tätig sind, und lassen Sie sich deren Unterlagen schicken. Wählen Sie die attraktivsten Organisationen aus, und sammeln Sie über diese Traumarbeitgeber alle verfügbaren Informationen. Näheres dazu haben Sie in den Schritten 6 bis 8 gelesen.

4. Machen Sie Ihre ersten Erfahrungen mit einem eigenen Projekt, oder arbeiten Sie dort, wo es bereits Strukturen von ehrenamtlicher Arbeit gibt. Suchen Sie nach »ganz einfachen« Möglichkeiten, erste Erfahrungen zu sammeln. Auf diese Weise können Sie

sich auch während einer Berufstätigkeit oder während eines Studiums Ihr (neues) berufliches Feld erarbeiten.

Wenn Sie alle Schritte bis hierhin erledigt haben, sind Sie nun bestens auf das entscheidende Telefonat vorbereitet. Wieso Telefonat? Die meisten Bewerber scheuen sich vor einer ersten Kontaktaufnahme per Telefon. Dabei vergeben sie leichtfertig die wichtige Chance, durch einen persönlichen Anruf Initiative zu zeigen und einen guten Eindruck zu hinterlassen. Schließlich sind auch in der Verlagsbranche kommunikationsstarke Mitarbeiter gesucht. Vom unangekündigten Verschicken von Bewerbungsmappen ist dagegen abzuraten. Diese landen häufig wenig beachtet auf irgendwelchen Ablagen. Die meisten Leute werden täglich mit Post zugeschüttet und müssen einen Weg finden, mit der Informationsflut fertig zu werden. Dazu gehört leider in vielen Fällen, dass unaufgefordert eingesandte Bewerbungen keine große Beachtung finden.

Damit Ihr Gesprächspartner Ihnen auch zuhört, obwohl er Sie noch gar nicht kennt, sollten Sie im ersten Satz eine Trumpfkarte ausspielen, und das ist die Erwähnung eines persönlichen Kontakts oder der Bezug auf etwas, das Ihr Gegenüber geäußert oder getan hat. Wenn Sie beispielsweise in der Zeitung lesen, dass Ihre Zielperson in einem Interview eine bestimmte Meinung geäußert hat, dann können Sie sich in Ihrem ersten Satz darauf beziehen: »Guten Tag, Frau Fischer, hier ist Holger Brehme. Ich habe gesehen, dass Sie eine neue Kochbuchreihe beim XYZ Verlag herausgeben. Ich finde die Ausstattung sehr gelungen, freue mich aber vor allem an den schönen Texten, in denen man zunächst einmal auf ganz unkonventionelle Weise erfährt, wie das Gericht denn eigentlich schmeckt. Ich schreibe seit einigen Monaten für eine kleine Lokalzeitung eine Kolumne über Essen und Sinnlichkeit ...«

Der Mechanismus, den Sie hier nutzen, lautet: Jeder Mensch freut sich, wenn andere sich mit dem beschäftigen, was er gesagt, getan oder geschrieben hat. Wenn Sie sich bei einem erfolgreichen Vielschreiber als Ghostwriter anbieten wollen, müssen Sie sich vorher mit seinen Publikationen beschäftigt haben. Je mehr Sie über die Meinungen Ihrer Zielperson wissen, desto stärker ist Ihre

Position in Ihrem ersten Telefonat und während der gesamten Bewerbungsprozedur. Entscheidend ist, dass Sie es in Ihrem ersten Telefonat schaffen, die Aufmerksamkeit Ihres Gegenübers zu wecken und ihn für sich zu interessieren. Ein Beispiel:

»Guten Tag, Frau Dormann, hier ist Christoph Schmitz. Ich habe gerade Ihre Ausführungen zum Thema E-Commerce im Buchmarkt gelesen. Ich finde Ihre Ausführungen zu den Möglichkeiten für Books on Demand sehr interessant, vor allem, wenn es um die frühen Werke von heute sehr bekannten Autoren geht. Ich habe selbst eine kleine Tauschbörse im Internet für vergriffenen Bücher ins Leben gerufen und würde gern in dieser Richtung weiterarbeiten. Ein Praktikum in Ihrem Unternehmen wäre eine gute Chance für mich, mein Wissen auszubauen. Kann ich Ihnen meine Unterlagen einmal vorbeibringen? Dann könnte ich Ihnen auch kurz einen Artikel von mir zum Thema »Bücher verkaufen ohne Buchhandel« zeigen.«

Oder: »Guten Tag, Herr Müller, hier ist Anna Lehmann. Ich habe im Internet gesehen, dass Sie die politischen Literaturtage jetzt auch in anderen Städten veranstalten wollen. Ich glaube, dass es ein großes Interesse daran gibt, vor allem in osteuropäischen Ländern, die der Europäischen Union beitreten wollen. Ich habe während meines Studiums in Zusammenarbeit mit der XYZ-Stiftung Lesungen mit jungen politischen Autoren veranstaltet. Da ich bereits über ganz gute Kontakte zu Autoren, Verlagen und Agenten verfüge, könnten wir vielleicht einmal über eine Zusammenarbeit sprechen. Da ich nächste Woche in Berlin bin, würde ich mich gern kurz bei Ihnen vorstellen. Wenn Sie auf eine Tasse Kaffee Zeit haben, bringe ich auch die Dokumentation über unsere Veranstaltungen mit.«

(Mit einem solchen Einstieg hat sich Anna übrigens geschickt aus der Position der Bittstellerin herausmanövriert. Sie ist nun eine »interessante Gesprächspartnerin«. Eine strategisch viel günstigere Ausgangsposition für eine Bewerbung!)

Natürlich ist die Vorbereitung eines solchen Einstiegs mit sehr viel Arbeit verbunden. Deshalb kommen die meisten Bewerber nicht über ein »Guten Tag, hier ist Peter Schmitz, ich wollte mal fragen, ob ich bei Ihnen ein Praktikum machen kann« hinaus. Doch genau *das* ist Ihre Chance! Wenn Sie Ihr Telefonat detailliert vorbereiten, wird es Ihnen auch gelingen, ein persönliches Treffen anzubahnen, bei dem Sie sich und Ihre Arbeitskraft präsentieren. Dieses Ziel halten Sie sich kurz vor dem Gespräch noch einmal klar vor Augen.

Ihre Gesprächsstrategie in der Zusammenfassung:

- Beginnen Sie mit dem Bezug auf einen persönlichen Kontakt und/oder dem Bezug auf etwas, das Ihr Gegenüber gesagt oder getan hat. Damit erreichen Sie die Aufmerksamkeit Ihres Gesprächspartners, Ihrer Gesprächspartnerin.
- Zeigen Sie, dass Sie sich gut informiert haben, und dokumentieren Sie so, dass Ihr Interesse ernst ist.
- Berichten Sie von Ihrem Engagement, und transportieren Sie echte Begeisterung.
- Bitten Sie nicht unterwürfig um ein Gespräch, sondern vermitteln Sie, dass Sie Ihrem potenziellen Arbeitgeber etwas Interessantes anzubieten haben.

Wenn Sie die einzelnen Schritte des Workshops sorgfältig durchgearbeitet haben, werden Sie kein Problem damit haben, in all diesen Punkten zu glänzen.

Nicht für jedes berufliche Projekt lassen sich die Schritte des Workshops mit derselben Stringenz durchführen. Nehmen Sie die beschriebenen Lösungen daher als Wegweiser für Ihren ganz individuellen Kurs. Kleben Sie nicht an einzelnen Details, sondern benutzen Sie die aufgezeigte Systematik und Herangehensweise als Werkzeug.

Teil IV
Service

Wie man einen Bestseller bastelt

Vorab: Niemand weiß, wie man es schafft, richtig viele Bücher zu verkaufen. Manchmal ist es der gelungene Medienauftritt eines Autors, manchmal eine gute Rezension oder eine aktuelle Debatte, die die Leser in den Buchhandel zieht. Ein Rezept für hohe Verkaufszahlen gibt es hingegen nicht. Für alles lassen sich Beispiele und Gegenbeispiele finden.

Trotzdem: Was können Autoren, Lektoren und Verlage tun, um die Chancen auf gute Verkäufe zu erhöhen? Schließlich hat weder der Verlag noch der Autor etwas davon, wenn sich eine Minierstauflage von 500 Stück noch nicht einmal verkauft. In den meisten Büchern steckt schließlich wochen- und monatelange Arbeit, die sich irgendwann bezahlt machen soll.

Bei den meisten verkauften Büchern handelt es sich nicht um Romane und andere Belletristik, sondern um Gebrauchsliteratur, wie Ratgeber oder Sachbücher. Auch hier ist der Erfolg nicht planbar. Doch ein paar Dinge kann man tun, um sein Buch gut auf dem Markt zu platzieren:

- Schon bei der Konzeption des Buchs sollte man Elemente einbauen, die potenzielle Leser und Leserinnen ansprechen. Das können Sonderkapitel für bestimmte Zielgruppen sein (alleinerziehende Mütter, Star-Trek-Fans, Vegetarier) oder das Vorwort eines Prominenten.
- Bücher werden häufig zu bestimmten Anlässen gekauft: Geburtstag, Hochzeit oder Konfirmation. Darauf kann man bei der inhaltlichen Konzeption (und bei Titel und Cover) Bezug

nehmen. Auch aktuelle Ereignisse wie die Sonnenfinsternis oder Olympia bieten gute Anlässe zum Bücherkauf. Durch die langen Produktionszeiten muss man sich allerdings rechtzeitig Gedanken über ein derartiges Projekt machen. Ein Krimi über die Seilschaften der Expo in Hannover lässt sich nicht über Nacht schreiben und veröffentlichen.

- Der Buchtitel gibt eher Ausschlag für die Kaufentscheidung als das Cover. Gute Titel appellieren beispielsweise an Wünsche, wie Ulrich Strunz' *Forever young,* oder an ein Gefühl, das der Leser kennt *(Wie der Staat den Autofahrern das Geld aus der Tasche zieht).* Ebenfalls wichtig: ein möglichst übersichtliches Inhaltsverzeichnis, ein ansprechendes Autorenfoto und Hinweise darauf, an wen das Buch sich richtet.

- Für die Pressearbeit darf man nicht nur die Feuilletons der Tageszeitungen im Blick haben. Frauen- und Lifestylemagazine beispielsweise stellen gute Präsentationsmöglichkeiten für Autoren und deren Bücher dar.

- Manchmal ist ein Anzeigen-Gegengeschäft möglich: Eine Tageszeitung wirbt auf der letzten Seite eines Buchs (oder mit kleinem Logo auf dem Cover), dafür schaltet die Zeitung Anzeigen für das Buch.

- Bücher verkaufen sich nicht nur über den Buchhandel. Suchen Sie neue Wege, Bücher zu verkaufen, beispielsweise an der Tankstelle, im Zigarettenladen, im Restaurant, im Reisebüro, im CD-Laden oder wo auch immer sich ein thematischer Bezug finden lässt.

- Bücher werden auch von Unternehmen gekauft, beispielsweise wenn eine Firma jedem Mitarbeiter ein Buch über Motivation zu Weihnachten schenkt. Auch Sonderausgaben à la *Firma Müller präsentiert ...* sind ohne großen Aufwand produzierbar.

- Autoren und Autorinnen müssen präsent sein: Seminare veranstalten, Vorträge halten, Zeitungsartikel schreiben, Interviews geben. Das Fernsehen erreicht mehr Leute als jedes andere Medium. Wenn Sie als Autor oder Autorin eine Chance haben – halten Sie Ihr Gesicht in die Kamera. Besonders geeignet: Talkshows.

Viel Erfolg!

Kleines Wörterbuch

Allrounder: jemand, der alles mögliche kann oder macht
Anthologie: ausgewählte Sammlung (zum Beispiel von Gedichten)

Backlist: nicht mehr aktuelle, aber noch verlegte Bücher eines Autors
Barsortiment: Buchhandelsvertrieb, der zwischen Verlag und Einzelbuchhandel vermittelt
Big Brother: Begriff aus dem Orwell-Klassiker *1984* und Fernsehspektakel, bei dem die Teilnehmer in einem Wohncontainer unter ständiger Kamerabeobachtung leben. Wer nach einem bestimmten Selektionsmodus am Ende übrig bleibt, kassiert eine hohe Summe.
Big Name: großer Name, wichtige, bekannte Person
Book on Demand/BOD: Buch, das nur als Datei existiert und erst auf Bestellung gedruckt wird
Brainstorming: Technik zur Erzeugung von Ideen. Zu einem Thema trägt jeder vor, was ihm einfällt. Einzige Bedingung: Niemand darf negativ kommentieren.

Charts: Hitparade
clean: sauber, auch: drogenfrei
Clearing: Klären (meist von problematischen Fällen oder rechtlichen Fragen)
Cosy Novel: Landhausroman
Crashkurs: schneller, intensiver Kurs

Creative Writing: kreatives (nicht zweckgebundenes) Schreiben, meist von Hobbyautoren

Deus ex Machina: Gott aus der Maschine, Mensch oder Lösung, die aus dem Nichts auftaucht
Digest-Fassung: Fassung für eine Zeitung, die Auszüge von Büchern abdruckt
Digitalisierung: aus etwas eine Datei machen, in den Computer eingeben
Display: etwas, das etwas zeigt oder anzeigt
Don't: etwas, das man nicht machen sollte

E-Autoren/E-Literatur: Autoren ernster Literatur (im Gegensatz zur Unterhaltungsliteratur)
E-Commerce: Verkauf übers Internet
Event: Veranstaltung
ex Negativo: aus dem Negativen heraus (zum Beispiel etwas aus Fehlern lernen)

Faksimile: Reproduktion
Fakturierung: Berechnung von Waren
Feng-Shui: fernöstliche Philosophie der Raumeinrichtung
Flowerpower: Hippiezeit um 1968
Flyer: Flugblatt
Food: Essen
Fotoshooting: Fototermin
Full-blooded-Person: Figur, die nicht flach oder eindimensional dargestellt wird, sondern vollständig mit Biografie, Beziehungen, Charakter, Ticks etc.

Ghostwriter: jemand, der für jemand anderen unter dessen Namen schreibt
give and take: Geben und Nehmen
Guided Learning: angeleitetes Lernen

Handicap: beim Golf: persönliche Vorgabe eines Golfers, die seine Spielstärke anzeigt und nach der seine Punktzahl berechnet wird
haptisch: den Tastsinn betreffend

Hard boiled Novel: harte Geschichte (üblicherweise Roman, mit starken, betont männlichen Hauptfiguren)
human interest story: Geschichte, die nicht viel Bedeutung hat, die Leute aber interessiert und emotional anspricht

Junkie: Abhängiger

kanonisiert: hier: zu einer festen Auswahl an besonders hochwertigen, bedeutenden Bücher gehörend
keep your customer involved: involviere Deinen Kunden (in das, was Du für ihn tust)
kontemplativ: Nachdenkend, besinnlich

Layouter: jemand, der für die Gestaltung (eines Buchs) zuständig ist

Makulierung: Bücher einstampfen
Massai: afrikanisches Volk
MP3: spezielles Format für Musikdateien

Nine-to-five-Job: Anstellung mit sehr geregelten Arbeitszeiten
No-Name: Unbekannter
Non-Books: Produkte, die keine Bücher sind, aber etwas mit Büchern zu tun haben, zum Beispiel Tassen oder Socken mit Motiven aus einem Buch
on the job: im Job, im Arbeitsalltag, im Gegensatz zu: im Studium oder in der Ausbildung

page turner: ein Text, der motiviert, immer weiter zu lesen
Pars pro toto: ein Teil, der fürs Ganze steht
Plot: Handlungsaufbau
Plot-Line: Abfolge im Handlungsaufbau
Pocketformat: Taschenformat
polyphon: vielstimmig
Promotion: hier: Verkaufsförderung
Provenienz: Herkunft
Reality-Check: Überprüfung, ob etwas auch in der Realität funktioniert

red herring: falsche Fährte
Reengineering: Umbau (meist von Unternehmen)
Rezitation: Vortrag eines literarischen Werks
Running Gag: immer wieder auftauchender Witz

Server: Rechner, von dem andere Rechner Daten abrufen können
Setting: Umgebung
Showdown: Entscheidungskampf, häufig Schlusszene, in der zwei
Rivalen aufeinander stoßen
Slapstick: Witz, der mit der Tücke des Objekts spielt
Soap-Operas/Soaps: tägliche, seichte TV-Serie
Sounding Board: hier: Stelle, an der überprüft wird, ob eine Geschichte stimmig ist
Sponsor: Förderer, Geldgeber (meist ein Unternehmen)
Storyliner: jemand, der eine Geschichte weiter fortschreibt, vor allem in Zusammenhang mit TV-Serien
Suspense: Spannung

Treatment: Handlungsablauf mit Schauplätzen und Charakteren
als Vorstufe zum Drehbuch

U-Autoren/U-Literatur: (Autoren von) Unterhaltungsliteratur, im
Gegensatz zu ernster Literatur

Wellness: Zustand, in dem man sich wohl und gesund fühlt
Whodunnit: Krimi, bei dem es hauptsächlich darum geht herauszufinden, wer das Verbrechen begangen hat

Youngster: Jugendlicher

Anmerkungen

1 Auskunft des Börsenvereins des Deutschen Buchhandels, Frankfurt/Main.
2 Für das Jahr 1999; *Berliner Zeitung*, 22.8.2000, S. 8.
3 Auskunft des Koehler Verlags, Stuttgart.
4 Auskunft der B.A.T. Freizeitforschung, Hamburg und Australian Tourist Commission, Frankfurt/Main.
5 Vgl. *Taschenbuch für die Touristik-Presse*, Garmisch-Partenkirchen/Seefeld (jährliche Neuauflage).
6 In: Claudio Gallio (Hg.), *Den eigenen Beruf erfinden. Wie Geisteswissenschaftler ihre Chancen nutzen*, Frankfurt/New York 2000, S. 14.
7 Auskunft vom Bertelsmann Verlag, München.
8 Auskunft des Zentralverbands der Werbewirtschaft, Bonn.
9 *Berliner Zeitung*, 29.8.2000, S. 16.
10 Ulrich Kromer, Geschäftsführer der Leipziger Messe GmbH (www.hoerdochmal.de – Ein Audiobuch-Journal der Deutschen Entertainment Magazin Gruppe).
11 Quelle: www.zdf.de, 18.08.2000.
12 Auskunft der Deutschen Fachpresse, Frankfurt/Main und www.genios.de/sheets/BVDB.HTM.
13 Auskunft des Freundeskreises Miniaturbuch, Berlin.
14 Vgl. www.buchbindehandwerk.de.
15 http://europa.eu.int/.
16 Auskunft der Hochschule für Bibliotheks- und Informationswesen, Stuttgart.
17 Uta Glaubitz, *Der Job, der zu mir passt. Das eigene Berufsziel entdecken und erreichen*, Frankfurt/New York 1999.
18 Lorenz Wolff, Johanna Frank, *Berufszielfindung und Umsetzungsstrategie für Studium/Ausbildung/Weiterbildung*, Speyer 1992, S. 25.
19 Ähnlich Richard Bolles, *What color is your parachute?*, Berkeley 1997, S. 141; siehe auch: Richard Bolles, *Durchstarten zum Traumjob. Das Bewerbungshandbuch für Ein-, Um- und Aufsteiger*, Frankfurt/New York 2000, S. 163.

Berufsregister

Talent zum Beruf machen

Uta Glaubitz
**Jobs für Kommunikationstalente
und Quasselstrippen**
Machen Sie Ihre Stärke zum Beruf
2001. Ca. 230 Seiten
ISBN 3-593-36547-2

Wenn Kommunikation Ihre Stärke ist, dann bieten sich zahlreiche Karrieren an: Wie wäre es denn mit einer Laufbahn als Kontakter einer Werbeagentur? Oder wären Sie lieber Talkshowmaster oder Kabarettist, Autoverkäufer, Künstleragentin, Promoter, Politiker, Kommunikationstrainerin? Diese und viele weitere Jobs stellt Uta Glaubitz Ihnen vor.

Uta Glaubitz
Jobs für Sportfreaks
Machen Sie Ihr Hobby zum Beruf
2001. Ca. 240 Seiten
ISBN 3-593-36548-0

Haben Sie schon einmal daran gedacht, Radio- oder Fernsehreporter zu werden? Oder wie wäre es mit einer Karriere als Talent-Scout, als Pressesprecher, Fanbeauftragter, Greenkeeper oder als Sportgeräteentwickler? Zalhreiche weitere Möglichkeiten werden Ihnen in diesem Buch vorgestellt:

Gerne schicken wir Ihnen unsere aktuellen Prospekte:
Campus Verlag · Heerstr. 149 · 60488 Frankfurt/M.
Hotline: 069/97 65 16-12 · Fax -78 · www.campus.de

campus
Frankfurt / New York